Google流

生産性がみるみる上がる

「働く時間」の使い方

Uptime
A Practical Guide to Personal Productivity and Wellbeing
By Laura Mae Martin

Googleプロダクティビティ・エキスパート
ローラ・メイ・マーティン［著］／依田光江［訳］

・ジャパン

UPTIME

Illustrations by Ma'ayan Rosenzweig

Published by K.K. HarperCollins Japan, 2024

「ウィークリー・ティップス」を
購読してくださっているみなさんへ
そしてジェイクへ
人生最良の出来事はあなたとの出会いでした

Google流　生産性がみるみる上がる「働く時間」の使い方　目次

PART 2

WHEN

いつその仕事を実行するか？

PART 5

HOW

どうやって未来の自分をかたちづくるか？

273

※本文中の〔　〕内は訳注。また、本文脇の数字は巻末に原注があることを示す。

序章

「アップタイム」とは何か

先週の土曜日、私はドラマシリーズ『ハートランド物語』の過去のエピソードを、ポップコーンをつまみながら10時間、ぶっ続けで見た——午過《ひる》ぎに30分ほどうたた寝したが。

その日は私の人生でとびきり生産的な日だった。

なぜそう言えるのか？

従来は、何かを成し遂げたいのなら、懸命に働き、さらに働き、いつも働いていることがカギだとされてきた。ToDoリスト（やることリスト）を片づけられたかもしれない貴重な土曜日をなぜそんなふうに「無駄遣い」するのか？　生産性は往々にして、リストから消した項目の数で測られる。だがそもそも、リストにある項目が本当にそのリストにあっていいものなのか、どうやって判断すればいいのだろう。何かをするために割り当てた時間帯は、自分のエネルギーレベルに照らして、最高の成果を生み出すにふさわしいものだろうか。今日がんばりすぎたら、明日はくたびれ果てて、いいアイデアなんて出なくなってしまうのでは？

はじめに言っておきたい。**意図と行動が合致しているとき、それは生産的な状態だ。**冒頭で挙げたドラマ鑑賞の例では、夫がその日、3人の子どもたちを彼の両親のところへ連れていき、私が時間を自由に使えるように協力してくれた。私の意図は、リラックスして、好きなテレビシリーズを見終えることだった。私の行動は、カウチに寝そべったまま、誰にも邪魔をされずにゆっくりと楽しむことだった。これらふたつがそろい、あの土曜日は生産的な日になった。

高い生産性とは、以下の段階を踏むことによって得られる。

1. 何をしたいのかを明確に定義する。
2. それをおこなうための妥当な時間と場所を確保する。
3. その時間内に成果を出す。

これら3つの継続的な実践が、自分の「**アップタイム**」を見つけることだと言える。

コンピューターの世界でのアップタイムとは、コンピューターが稼働していて生産的な状態にある時間を指す。あなたの世界のアップタイムは、あなたがなんらかの活動をしていて生産的な状態にある時間を指す。アップタイムは職場で働いているときにも、子育て中のときも、自分の会社を切り盛りしているときも、学生やアーティストの日常にも存在する。アップタイムは生産性がピークにある時間だけでなく、生産性の高い日に自分のなかに流れるすべてのエネルギーを指す。「ゾーンに入った」と感じ、物事を片づけ、ToDoリストの項目を消していく状態であり、また、意図的に自分を何かから切り離してリラックスすると決めた時間に、穏やかに過ごしている状態でもある。なんであれ意図したことをおこなっているときに、すばらしい気分だと感じることだ。

私は、アップタイムを「フロー状態」と同義に考えている。何かをするための環境をすでにととのえていて、何がしたいのかを決めたら簡単に達成できる状態のことだ。たんに物事を成し遂げるにとどまらない。明確さと集中力を伴ったエネルギーであり、その日やその週を心地よく進んでいるという感覚でもある。仕事でもプライベートでも、自分がベストの状態にあり、成果をあげていると感じる状態だ。**アップタイムとは、いまが生産的で、かつ、エネルギーに満ちているという感覚を意味する。**

忙しく、ひっきりなしに仕事に追われ、つねに「オン」であることを「高い生産性」と結びつけるのはやめよう。時代遅れのこの考え方を「アップタイム」で置き換えよう。混乱から穏やかな達成感へ。慌ただしさからバランスへ。生産性の古い考えを捨て、「アップタイム」という新しい状態を手に入れよう。

アップタイムは、ひとりの人間としての自分を理解するところから始まる。仕事で、あるいは仕事外で、自分を幸せにするものはなんだろう？　創造性、集中力、効率の自然なリズムはどうなっていて、いつがピークだろう？　会議に最も集中できるのはどんなときだろうか？　メールに返信していると止まらなくなるのはどんなときか？　休憩をとりたいとき、邪魔されずに考えたいとき、人とのつながりを深めたいときはいつだろうか？

アップタイムは複数の面を併せもつ。何を成し遂げられるのか、どのように達成するのか、どれだけ幸せを感じられるか、そしてそれがイノベーションや雇用維持、燃え尽き症候群防止にどう貢献するかなどがかかわってくる。新型コロナウイルスのパンデミックは、「9時から5時までオフィスの椅子に座っている」モデルが時勢に合わなくなっていることを突きつけた。仕事の成果をあげ、プライベートでもより幸せになるには、自身の負荷と時間、その配分を管理するためのツールとスキルが必要だ。

アップタイムとは持続可能なレベルで活動できる状態のことだ。「ただ忙しい日」と「生産的な日」のちがいは、エネルギー、注意力、そして成果の大きさにかかっている。時間と集中力を最大限に活用することが重要であり、利用するツールについて言えば、ツールそのものよりも、それを利用する意図が成果を左右する。

アップタイムは偶然には生まれない。意識してつくり出すものだ。優先事項を慎重に整理し、実践する能力が物を言う。この本で紹介する原則は、私がグーグルで10年以上にわたってエグゼクティブ（上級管理職）のコーチングにかかわり、同僚に向けた研修プログラムを開発するなかで精緻化したものだ。

読者のみなさんにもグーグル流の時間の使い方をお届けしたい。

なぜ私がこの本を？

14年ほどまえ、私は営業職としてグーグルで働き始めた。50社以上の顧客を担当し、当初は次々と入ってくる依頼の山に圧倒された。そこで、すべての業務依頼や指示が集まる受信トレイをワークフローの制御盤《ダッシュボード》となるように構成した。営業電話をかけるのは火・水・木曜日だけにし、月曜日はその準備、金曜日には顧客へ報告書を送信するようにした。周囲からは、なぜ私がつねに仕事を先回りしてこなし、顧客（そして私自身）をハッピーな状態に保てているのかを不思議がられた。やがて同僚たちから、このような成果を維持するために私がどのような工夫をしているのかを訊《き》かれるようになった。毎日いちばん早く出勤するわけでも、いちばん遅く退勤するわけでもないのに、どうやって目標を達成しているのかと。やがて、私の得意分野は営業ではなく、時間とワークフローの管理であることがわかってきた。

それからの8年間、私は「プロダクティビティ@グーグル」プログラムを開発し、すべてのグーグル社員《グーグラー》――新人からエグゼクティブまで――を相手に仕事をするようになった。生産性向上の方法を社内で指導するためのトレーニング・セッションを開発した。現在はエグゼクティブフロアに席を置き、幹部陣に対して業務効率化の戦略や、仕事中に冷静さを保ち、着実に成果をあげるための心構えを指導している。Ｇｍａｉｌやグーグル・ミートなどグーグル・ワークスペースのツールを使い、インターンや新入社員、中堅エンジニア、トップ層、そして社外を含めた、さまざまなレベルで働く人たちが生産性向上の秘訣《ひけつ》を習得する手助けをしてきた。グーグラーの3分の1が購読するニュースレターを発行し始め、開催するワークショップには多彩な専門分野をもつ何万人もの参加者を得て、彼らから高い評価を受けた。同じころ私は、自分の新しい家庭を築きつつあった。4歳に満たない3人の子を育てるのに大忙しだった。

この本はグーグラーだけのためのものではない。トップ層のためだけでも、一般社員のためだけの本でもない。自分の時間の所有者になりたい人、穏やかな達成感を味わいたい人すべてのための本だ。会社で働いている人、学生、親、起業家など、あらゆる立場の人にとってのガイドとなる。

この本を書いたのは、生産性向上について学んだすべてをみなさんに届けるためだ。読み終わるころには、気分が軽くなり、モチベーションが上がり、仕事でもプライベートでも、しなければいけないことをもっとコントロールできるようになっているだろう。さらに重要なのは、いまがそのときではないとわかっているのなら、それをしなくてもいいと思えるようになることだ。だからこそ、いまがそのときだと思えば、優れたパフォーマンスを発揮できるようになる。

この本は5つのパートに分かれている。

1. **どの仕事にフォーカスするか？**――優先すべきことを決め、ほかのことにはノーと言う。
2. **いつその仕事を実行するか？**――自身の生産性の自然なピークと谷を把握し、活《い》かす。
3. **どこでその仕事をするのが最良か？**――在宅勤務、オフィス出社、ハイブリッドのどれであっても、その環境を最大限に活用する。
4. **どのようにその仕事を遂行するか？**――すると決めたことを、最高水準の質と効率で達成する。
5. **どうやって未来の自分をかたちづくるか？**――片づけるべき課題をすべて片づけつつ、物事に意識を向け、ハッピーで、充実した日々を手に入れる。

まず、各章を通して繰り返し登場する生産性の原則を取り上げよう。私が言いたいことの多くはこれらの原則に基づいており、本書で何度も言及していく。

生産性の原則

生産性 ＝ ビジョン ＋ 実行

労働者ひとりあたり、および組立ラインあたりの生産量を測る指標が重視された産業革命以降、効率と生産量の達成度としての「生産性」に関心が注がれ続けてきた。一方、個人の生産性に目を向けると、**生産性の高い人は「ビジョン」と「実行」の両方を備えている。**ここで、頭のなかで漂っている考え中のものはなんでも「ループ」と呼ぶことにしよう。思いつきだったり、買わなければならないものだったり、ふだんからよく考えていることだったり、何かから得た洞察だったり、次に進むべきステップだったり、誰かに伝えなければならないことだったり、これらはみなループの例だ。こうした**新しいループを開くことが「ビジョン」である**——アイデアがまとまり、物事を吸収し、これまでは関連づけてこなかったふたつの項目をひっくるめて考え（創造性の定義のひとつ）、すべきことや問題解決のための新しい方法を見つけたりすることをいう。**ループを閉じていくのが「実行」である。**つまり、ＴｏＤｏリストの項目を消し、次のステップに進み、ビジョンに基づいて行動することをいう。優れたビジョンの持ち主は多くのループを開く。優れた実行力の持ち主は多くのループを閉じる。**生産性が高い人は、どちらにも優れている——ビジョンをもち、実行に移す。**

ループを開くとは、たとえば、毎日のランニング中にチームの問題を解決するすばらしいアイデアを思いつくことだ。ループを閉じるとは、そのアイデアに基づいてチームに行動を促すメールを送信することだ。１日中、ループを閉じたり開いたりするサイクルが繰り返される。だが、ループを閉じることばかりに気をとられ、ループを生み出すための時間をだいじにしない人が多い。彼らは実行するが、ビジョンをもたない。逆に、アイデアを次々に思いつきながら、いっこうに実行に移さない人もいる。両方が必要だ。もし自分が、ループは閉じるが、つまり、ToDoリストを消してはいるが、新しいアイデアを出したり、ブレインストーミングに参加したり、長期的に考えたり、画期的なソリューションを思いついたりしていないのであれば（新しいループを開いていないのであれば）、生産性の方程式の半分しか実行していないことになる。

私がエグゼクティブたちにアイデア（新しいループ）をどこで思いつくのかと尋ねたところ、返答のトップスリーはシャワー中、通勤中、くつろいでいるときや無関係なことをしているとき（犬の散歩中とか調理中とか）、だった。**脳が疲れから回復し、新しいアイデアをひらめくためには、こうした「ダウンタイム」が必要なのだ。**彼らの回答には、会議に次ぐ会議にどっぷり浸《つ》かって身動きがとれないときや、未決箱の対応順位を整理しているときは出てこない。このような活動では、新しいループが表面に現れる余地が少ないのだ。

ポテンシャルを充分に発揮するには、ゴムバンドのようにいったん引いて溜《た》めなければならない。**戦略的に休む時間は、生産的な時間だ。**

ループのライフサイクルを知ると、ビジョンと実行の価値を理解しやすくなる。

ループはそのライフサイクルにおいて、私が「**生産性の5つのC**」と呼ぶ段階を通る。後続の章では、それぞれの段階について詳しく触れていく。新しいアイデアの「クリエイト（創

生産性の5つのC

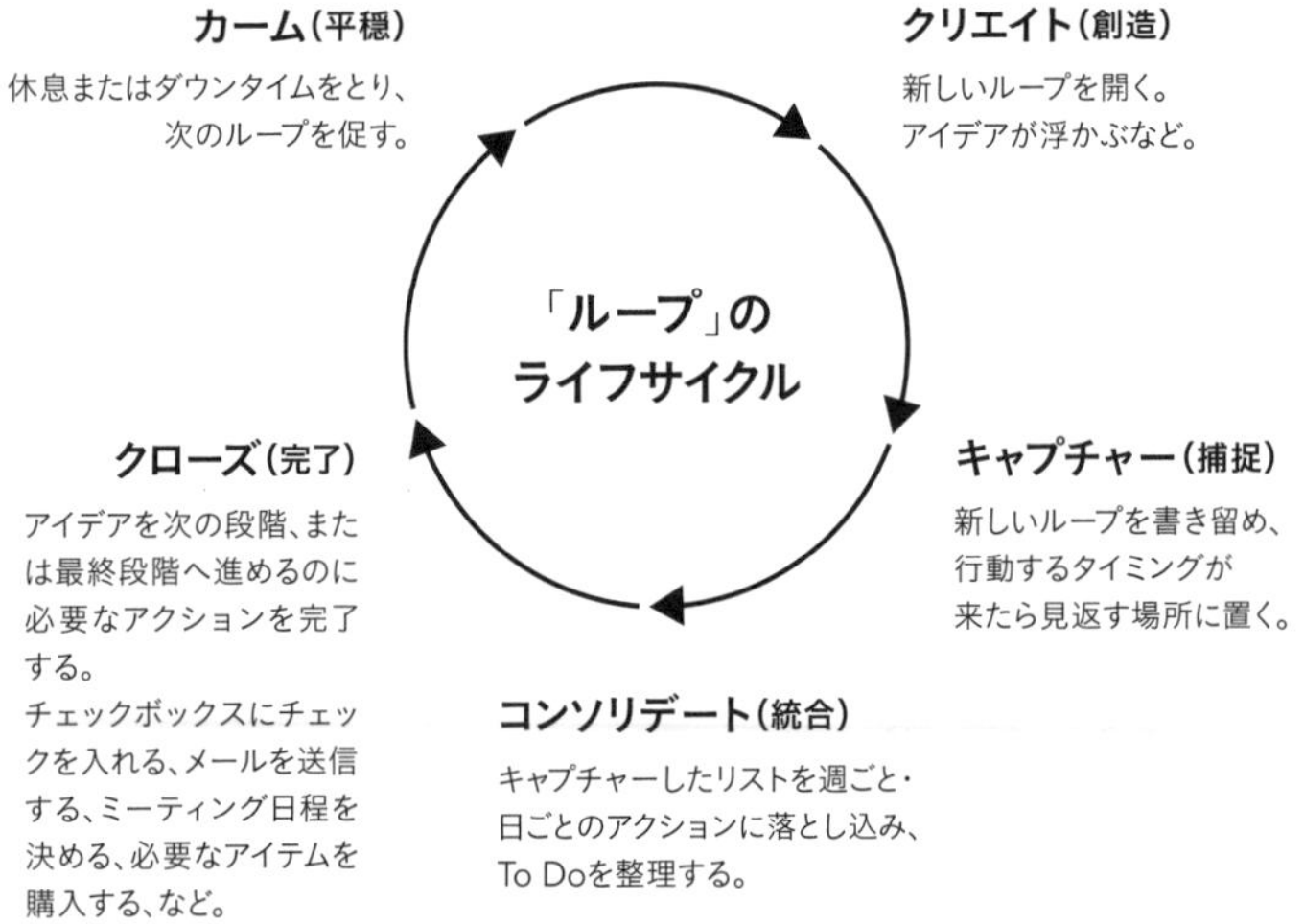

「ループ」の
ライフサイクル
クリエイト（創造）
新しいループを開く。
アイデアが浮かぶなど。
キャプチャー（捕捉）
新しいループを書き留め、
行動するタイミングが
来たら見返す場所に置く。
コンソリデート（統合）
キャプチャーしたリストを週ごと・
日ごとのアクションに落とし込み、
To Doを整理する。
クローズ（完了）
アイデアを次の段階、また
は最終段階へ進めるのに
必要なアクションを完了
する。
チェックボックスにチェッ
クを入れる、メールを送信
する、ミーティング日程を
決める、必要なアイテムを
購入する、など。
カーム（平穏）
休息またはダウンタイムをとり、
次のループを促す。

造）」を促す「カーム（平穏）」な時間、新しいアイデアをどこでどのように「キャプチャー（捕捉）」するか、そしてとくに重要なのが、簡単にたどっていけるシステムにループを「コンソリデート（統合）」し、各ループを確実に「クローズ（完了）」できるようにすることだ。

　ここで、あるループのライフサイクルを追いながら、「生産性の5つのC」の例を見てみよう。

カーム（Calm：平穏）――仕事が終わったあとに愛犬と散歩に行った。

クリエイト（Create：創造）――担当する顧客に次のキャンペーンを提案するのに最適なアイデアが浮かんだ。

キャプチャー（Capture：捕捉）――スマートフォンにアイデアをメモし、その後逆三角形型のToDoリストに落とし込んだ（このプロセスとリスト類については第3章で取り上げる）。

コンソリデート（Consolidate：統合）――その日の夜、翌日のリストを作成し、アイデアについて顧客に電話する時刻を午前10時に決めた。

クローズ（Close：完了）――顧客に電話し、キャンペーンについてのアイデアを説明した。

このサイクルは、新しいアイデアを思いつき（ビジョン）、それを確実に成し遂げる（実行）まで繰り返される。後続の各章では、生産性の方程式の「ビジョン」と「実行」をどちらも満たす方法を紹介していく。

忙しさよりもバランス

携帯型の個人用デバイスが私たちの生活に入ってきた当初は、どこからでもなんにでもアクセスできる能力が時間を節約してくれると考えられていた。ところが、メールがワンタップで開けるようになり、開いてみると、実際以上に緊急性が高く感じられるようになった。しかも、チャットやテキストはどこにでもついてきて、いまこの瞬間を邪魔してくる。皮肉なことに、使い方に注意しないとデバイスは節約するはずの時間を余計に使わせる存在だった。

また多くの人にとって、会議はかつてないほど増えた。会議について検討する会議もある。誰かに調子はどうですかと尋ねたり、反対に尋ねられたりしたときに、スケジュールはぎっしりで、会議はひっきりなしで、ランチ休憩どころか、ひどいときにはトイレに行く時間すらとれないと答える（または相手からそういう答えが返ってくる）ことがどれくらいあるだろうか。これは生産性の古い考え方だ。

私たちはこのような働き方を美化しすぎた。忙しさを格好いいものにしてしまった。**忙しさと重要性を混同してしまった**のだ。誰かが「忙しい忙しい」と話していると、重要人物に見えるかもしれないが、そのような姿勢で持続可能な仕事環境をつくることはできない。経営トップ層のなかには、スケジュールがかなり緩やかで、ブレインストーミングや業界ニュースの閲覧、アイデア出し、あるいはただ静かに考えるためにかなりの時間を費やす人がいる。彼らは、情報を整理し咀嚼《そしゃく》することのできる、会議と会議のあいだの空白時間の価値を理解している。**ひとりでじっくり考えることが、物事をまえに進めるうえで最善の手になりうる**ことを知っている。

ではなぜ、忙しいことが成果の証《あかし》だとか、できるだけ多くの会議に出席することが名誉のバッジだという考え方がこれほど長く続いているのだろう？

この本では、忙しさではなくバランスのよさこそが新時代のステータスだと主張したい。

エネルギーはポイント制

時間が有限な資源であることは誰もが知っているのに、なぜ私たちは、無限であるかのような使い方をするのだろうか。自分に訊いてみよう。新しいプロジェクトを引き受けるなら、その時間はどこからもってくる？ 直属の部下が増えたら、その分、誰かあるいは何かに割く自分の時間は減るのだろうか？ 新たな隔週ミーティングが決まったけれど、それがなければその時間に何ができただろう？ **時間はつねにトレードオフの関係にある**ことを忘れなければ、あらゆる場面で優先順位を決め、自身の健全なバランスを見つけることができる。境界線を設けてかまわない。むしろ、それは不可欠だ。**自分の時間を何に費やすかは、しつこいほど選《え》り好みするべき**なのだ。そうしつつ、人間関係を築き、よい同僚になることはできる。

時間を銀行口座になぞらえて考えよう。誰かに、あなたの（本物の）銀行口座からお金を引き出させて、と頼まれて、「いいとも！ これが金融機関コードとぼくの口座番号だよ。いくらでもどうぞ」とは言わないだろう。なのに、なぜ時間についてはそういう態度をとってしまうのか。会議への出席を求められたときに、どれだけ多くの人が「はい！ 私のカレンダーを押さえてください！」と即答した経験をもっているだろう。この行為は口座の残高を確実に減らす。1日の予算で使える金額が決まっているように、1日に使える「エネルギーポイント」も決まっていると考えよう。**どこにエネルギーポイントを使うか、どこでそれを獲得するか、どこで浪費するかを決めるのはあなた自身だ。**状況によっては他より多くのエネルギーポイントが必要になるため、ポイントを節約したり、より賢く使ったりするための戦略を立てるといい。この本では、価値がありそうに見えてじつはあなたの時間資源とエネルギーポイントを消耗させるものに対して、友好的に「ノー」と言うための戦略も紹介していく。

時間の価値を正しく見る

「時間管理」は流行《はや》りのことばだ。もっと時間がほしい、あと少し時間があれば、もう時間がない——だがたいていの場合、時間を見つけたとしても、結局は同じ状況に陥る。火曜日の午前9時から11時まで、重要なプロジェクトに取り組むためにカレンダーを押さえたとしよう。それでも、コンピューターを起動して新しいメールを眺めるうちに、あっという間《ま》に9：13になっている。作業したいドキュメントを開き、適切な名前につけ直そうとしているうちにインスタントメッセージが届く。時刻は9：32。画面に戻ると、以前から片づけたいと思っていた別件が表示されているタブに気づき、すぐ終わりそうなので先に片づけることにする。すぐに

10：05となり、視界の端に入ったメールが緊急そうに見え、そちらに取り掛かる。10：36、あなたは考える。「次の会議まで20分しかないのに、いまこの作業を始める意味があるだろうか」。不意に、問題は時間不足ではなかったことに気づく。

なぜこうなってしまうのか？

時間管理は最初の一歩にすぎないからだ。高い生産性を発揮するためのガードレールにすぎない。**はるかに重要なのは、そのときのエネルギーのフローとフォーカス（集中力）なのだ。**だから、1日や1週間のなかでいくら「時間」をつくったとしても、エネルギーが低い時間帯だったらあまり価値はない。

すべての時間帯が等価なのではない。私なら、午前10時〜10時30分に新しいアイデアを生み出すように依頼されるほうが、午後4時〜4時30分よりも高いパフォーマンスを発揮できるだろう。どちらも時間は30分間だが、けっして同じではない。私のエネルギーポイントは午前中のほうが午後よりも高い。エネルギーポイントを適切な時間に使うことで、よりよい成果を生み出し、費やしたエネルギーに対する投資対効果（ROI）を高めることができる。自分のパターンをあらかじめ知っておくことで、スケジュール設定時にエネルギーを最も効率よく割り振れるようになる。

フォーカスも同じく重要だ。せっかくやる気に燃えてスタートし、2時間という時間もあるのに、いつの間にか脱線してしまい、集中して取り組めなくなるのはなぜだろうか。後続の章では、「気が散るまえに先手を打つ」「フローと集中モードに入るために脳をトレーニングする」「自身の陥りがちな落とし穴を把握する」「邪魔の入らない、集中して作業できる環境をつくる」、これらすべてについての戦略を説明していく。

いまの自分ではなく「未来の自分」のために

心理学によると、私たちはみな、現在の自分と未来の自分を切り離して考える傾向があり、学術誌『ソーシャル・サイコロジカル・アンド・パーソナリティ・サイエンス』に、「いまの自分と未来の自分との類似性が高いと感じた人ほど、10年後の人生満足度が高かった」とする研究結果が掲載されていた。[*1] 同じことが、もっと近い未来の自分にも当てはまる。店で服を試着したときに、「あまり好きではないけれど、いつか着るかもしれない」と思うことがあるのはなぜだろう。いま試着している自分と未来の自分は同じ人物なのに。2週間の休暇から戻る翌日の月曜午前8時の会議への出席を事前に依頼されたら、「承知しました！」と言ってカレンダーに追加するが、いざその日の7時45分になったときの未来の自分がどれほどたいへんな思いをするかには考えが及ばない。

だからこそ、**日ごろから、いまの自分ではなく未来の自分のために計画を立てる**べきだ。「未来の自分は、いまの自分に何をやってほしかったと思うだろう？」と自問すると、スケジュール設定がスムーズになり、優先順位が明確になり、生み出すものの質が上がる。私はコーチングの際、エグゼクティブに対し、「未来のあなたは翌週の4時間の連続会議後に何をスケジュールに入れたい、あるいは入れたくないと思うでしょうか」とよく問いかける。「年末になったときのあなたは、何にもっと時間をかければよかったと思うでしょうか?」「逆に、そんなに時間をかけなくてもよかったと思うことは?」「子育ての終わったあなたは、子どもが小さいころに何にもっと時間をかければよかったと思うでしょうか?」本書では、「未来の自分」を意識するこのマインドセットを、優先順位決めから、何かの採用の可否、会議、カレンダーのメンテナンスまで、さまざまな場面で活用する方法について解説していく。

この序章で述べたことは、ふだんのあなたのやり方とは大きくちがっているかもしれない。だが安心してほしい。あとの章で取り上げる原則と、それをもとにまとめたメソッドは現実に、新入社員からエグゼクティブまでさまざまな段階にいる人たちが、自身の「アップタイム」を手に入れるのを助けてきた。あなたは、する必要のあることすべてに完全に対処できると感じ、実行時にも多面的な視点から余裕をもってアプローチできるようになる。本書を読み終えるころには、どの仕事にフォーカスすべきか、それを実行するのに最適なタイミングはいつか、スケジュールに照らして実行に適した場所はどこか、どのようにおこなうのがベストか、そして、これらすべてと並行して、どうやって未来の自分をつくり出すかがわかっているだろう。

この本に書かれた原則を読むのにかかった時間は、その原則の実践を通して、少なくとも同じだけの時間の節約となって返ってくることを約束する。

これから紹介するシンプルなステップを踏むことで、デジタル社会の恩恵を最大限に活用し、バランスがとれていて居心地のいい暮らしを営みつつ、より多くのことを達成できるようになるだろう。

あなたのアップタイムに実りのあらんことを！

PART 1

WHAT

どの仕事にフォーカスするか？

第1章

優先順位トップスリーを選ぶ

私が通りであなたの足を止めて、「いまのあなたの優先順位トップスリーはなんですか」と尋ねたら、あなたはどう答えるだろう。コーチングの際に真っ先に投げかける質問を、ここで読者のみなさんにも尋ねてみた。

序章でも紹介したように、生産性を高めるための第一歩は自分が何をしたいのか、何をすべきなのかを明確にすることだ。私がさほど「ゴール」に言及しないのは、ゴールは長い時間をかけた先にある「いつかできればいいこと」のように感じられるからだ。代わりに「優先順位/優先事項」ということばをよく使うのは、柔軟に変化し、現在の意図やフォーカスをすくいとるからだ。

なぜ3つなのか？　2018年、オハイオ大学は、学習において人の脳はパターンを探してグループ化しようとするとの研究結果を示し、長いあいだ広く信じられてきた「3の法則」（物事を3つにグループ分けすると記憶しやすいという考え方）が有効であることを確認した。[*2] 抱えている責任や優先事項は人生のどの時点でも3つより多いだろうが、「トップスリー」と限定することで焦点を絞ることができる。私が一緒に仕事をしたことのある人のなかで際立って生産性の高かった、ワーナー・ミュージック・グループのCEOロバート・キンセルは、つねに優先事項のトップスリーを明確にし、誰と仕事をするときにもそれを伝えていた。各優先事項に関連する業務のリストをもち歩き、幹部社員、補佐役、そして会社組織とのあいだで円滑に共有していた。この優先事項が彼の仕事と日々のテーマとなり、適切なことに集中し、たしかなビジョンをチームと共有する助けとなった。優先事項を定義することで、誰に対しても仕事がスムーズに進むようになった。

日ごろから優先事項について考えていれば、あなたもトップスリーをすらすらと答えられるはずだ。優先事項の見直しは週ごとでもいいが、ふつうは1カ月ごとか四半期ごとにおこなう。トップスリーが決まれば、ほかの優先事項や活動の位置も決まっていくだろう。瓶のなかを石の塊や小石や砂でいっぱいにしたいのなら、最初にいちばん大きな石を入れるべきだ。すでに小石や砂（それほど重要でなく、優先順位の低いもの）がかなり詰まった瓶に大きい石を入れようとすると、全体としてはまだスペースが残っていても瓶からはみ出してしまう。

ここまで読んできて、私の言う優先事項が、プライベートについてなのか仕事についてなのか疑問に思ったかもしれない。仕事中であろうが、家にいようが、あなたという人間はひとりしかいない。時間はひとつのパイであり、それを切り分ける脳もひとつだけだ。だからプライベートか仕事かの区別なく、そのときの優先事項によって成功と充実感は左右される。しかも

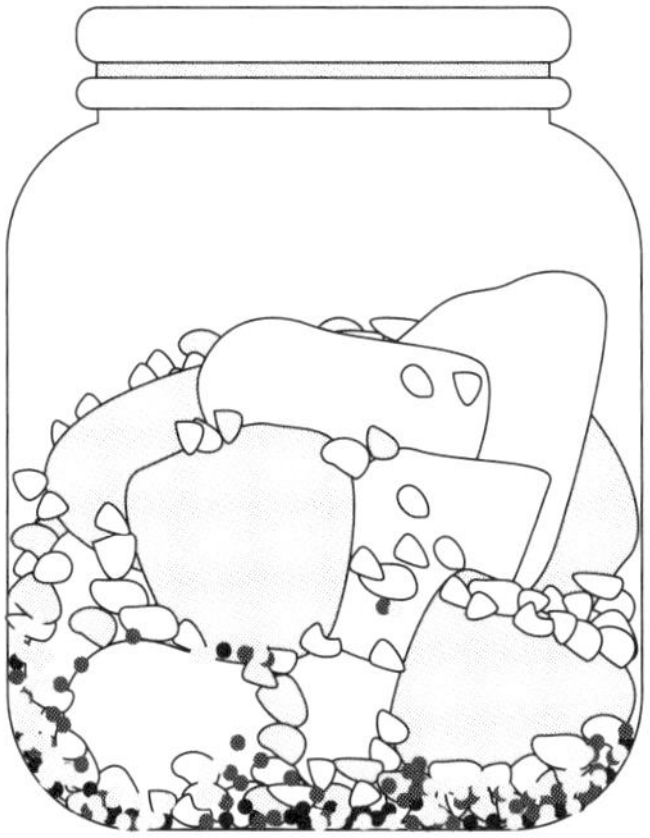

それらは、状況や人生のステージに応じて揺れ動くだろう。家族で遠方に引っ越す準備をしているのなら、これまでのトップスリーのどれかを押しのけて引っ越しが上位に入ってくるはずだ。仕事でビッグプロジェクトを任されたのなら、そのあいだは、ほかのことが後回しになるかもしれない。優先事項を3つに絞る作業が重要なのは、何かを入れたければ、代わりに何かを外さなければならないことに意識が向くからだ。つねにトレードオフが存在する。

会話のなかで、優先順位のトップスリーを迷わずに言えるのもだいじだが、同じ質問をほかの人に尋ねるのもまただいじだ。私は新しい人や新しい上司と仕事をするときには、必ず「いまのあなたの優先順位トップスリーはなんですか」と尋ねるようにしている。そうするだけで、回答の裏にある事情や、その人が本当にフォーカスしている対象がある程度わかり、生産的で協力的な関係を築きやすくなる。このシンプルな質問の答えから、その人が下そうとしている決断や時間の使い方がうかがえる。私がとくにクタクタになっていたある時期、夫が私の戦術を使って尋ねてきた。「いま、きみの優先順位トップスリーはなんだい？」数えてみたら6つあった。クタクタだったのも当然だ！　一度に多くのことを解決しようとしすぎていた私は、いくつかのことを後回しにしたり、やめたり、人に委ねたりする必要があった――そして、そのとおりに実行した！

「ハイ・インパクトのタスク」を定義する

私がコーチングしたあるエグゼクティブは、四半期の優先順位トップスリーを次のように定義していた。

1. **チームの大規模な再編成を完了する**
2. **自分の幼い子どもたちと過ごす時間を増やす**
3. **組織の来年度のビジョンを明確にする**

包括的すぎて、漠然としていると感じたかもしれない。最初のステップは優先事項を決めることだが、それと同時に、どのように実行に移すかということも考えなければならない。優先事項を実現に導く具体的なタスク（仕事や作業）を、私は「ハイ・インパクトのタスク」と呼んでいる。あなたの優先事項にとって、ハイ・インパクトのタスクはなんだろう。さらに具体的に言うと、これらのタスクをカレンダーのなかにどのように組み込めばいいだろうか。ハイ・インパクトのタスクかどうかをどのように見きわめればいいか。優先事項に関連した具体的なタスクを検討しておくと、会議やメール、運動、ＴｏＤｏリストの項目、集中作業、学校行事など、時間をとるものが目のまえに現れたときに、自分の優先事項とのかかわりがどの程度深いのかを認識できるようになる。

　優先事項ごとに、その達成を後押しする2〜3個のハイ・インパクトのタスクを書き留めておこう（動作動詞を含めて記述する）。

1. チームを再編成する

■ 新しい組織図の案や欠員のあるポジションについて人事担当と打ち合わせる。

■ 職責レベルの異なる社員同士でミーティングを実施し、それぞれの役割と責任を理解する。

■ 新しい役職や空きのある役職のための面談を実施する。

2. 子どもと過ごす時間を増やす

■ 週に3、4回は5時には退勤し、家族と夕食をともにする。
■ 金曜日は在宅勤務の日とし、学校の送り迎えを担当する。
■ この四半期のあいだに、平日に開催される3つの学校行事に参加する（保護者会や演奏会など）。

3．チームの来年度のビジョンについて考える

■ デバイスの電源を入れず予定も入れない「考える時間」をつくり、散歩、ブレインストーミングを優先する。
■ まる一日かけて直属の部下と社外で会合をもち、意見やアイデアを収集する。

上位の優先事項を実現に導く、ハイ・インパクトのタスクを定義するのは重要だ。何にフォーカスすべきかがわかるだけでなく、時間と、自分の「エネルギーポイント」をどのように使えば、優先事項の達成に役立つかも知ることができる。また、職場やプライベートでのキーパーソン――マネジャー、チームメンバー、パートナー、配偶者など――と優先事項について話し合う絶好の機会となる。この話し合いをつうじ、優先事項を再確認したり、個人の優先事項と複数人で共有するゴールや責任のバランスを調整したりすることができる。大きなプロジェクトに同僚と一緒に参加していて、自分にとってはそのプロジェクトが四半期の最優先事項な

のに、同僚にとってはそうではない状況もあるだろう。そうしたズレはあらかじめ知っておくべきだ。同僚にはそのプロジェクトよりも優先するものが3つ以上あるのなら、もっと頼りになる人や別の役割をもった人の力を借りなければならないかもしれない。優先順位を定め、そのフィードバックを得るための時間を確保しておけば、「時間を何に使ってきたのか」を楽に振り返ることができる。

「未来」から「現在」を見る

優先事項が何かを訊かなくても、カレンダーを見ればわかる。

コーチングしているエグゼクティブに対し、優先順位トップスリーを尋ねたあと、私はその人のカレンダーを数週間分、印刷してデスクに置く。蛍光マーカーを渡し、トップスリーに関連するすべての会議、業務、個人的に費やす時間を丸で囲んでもらう。カレンダーのどこにどれだけ丸がついているかを見るだけで、費やした時間と優先事項が一致しているかどうかが簡単にわかる。優先すると決めたことに、本当に時間の多くを費やしているだろうか？　時間は、自身が発行する通貨のひとつの形態であり、時間を多くかけていることが優先していることだ。

カレンダーは真実を語る。重要視していることに実際に時間をかけているかどうかが露《あら》わになる。

優先順位トップスリー以外のもの（大きな石のあとで瓶に入れようとする小石や砂）についてはどうすればいいだろうか。誰もが3つより多くのことに並行して取り組んでいる。ここで失敗するのは、トップスリー以外に時間の多くを注ぎ、大きな石の塊よりもまえに小石や砂で瓶のなかを埋めてしまうことだ。本筋以外の業務が次々に忍び寄り、積み重なり、やがては膨大な時間を食いつぶす。たとえば、チームの再編成をしたいのに、関係の薄い委員会の複数日にわたる社外ミーティングに出席する。子どもと過ごす時間を増やしたいのに、あれこれと人の世話を焼いたり自分にとっては重要度の低い仕事を手伝ったりして、定時での退勤がままならない。このような覚えはないだろうか？

優先順位を明確にする際、「未来の自分」――何週間、何カ月、あるいは何年かが経《た》って、今日の行動が過去になっている自分――を考えるのが役立つと私は考える。何に時間を使ったら「未来の自分」は喜ぶだろうか。適切なことに集中するために何を断れば「未来の自分」は喜ぶだろうか。仕事で四半期ごとや年次の評価をおこなうのであれば、その期のはじめに下書きをしておき、それに従って行動できているかどうかを適宜、確認するのはいい方法だと思う。

私の知るとくに優れたリーダーは、毎年、事前の「事後分析《ポストモータム》」をおこなっていた。年初に、その年の年次総括を先回りして実施し、どのように販売目標を達成したか、どこで落とし穴に嵌《は》まり時間を空費したか、上首尾に進んだ部分とその理由、改善できたはずの点などについて、スライドを使ったプレゼンテーションをひととおり作成した。すべて推測ではあったが、まるで1年後の「未来の私たち」がチームとして振り返っているような状況をつくり出したのだ。その推測が正しかった場合（あるいは正しくなかった場合）にみながどう感じるかも可視化した。この戦略は、成功した1年への道を開き、実際に年度末が来るまえに、チームを「年度末になったときの未来の自分」というマインドセットで考えさせることに成功した。

緊急事態への対処法

こんにちは。休暇でオフィスを留守にしています。緊急《アージェント》の場合は911［日本の110番、119番に相当］へどうぞ。——チャド

チャドの不在メッセージは少し皮肉がかっているが、休暇を邪魔されたくない意図はみなわかると思う。人が「緊急《アージェント》」と呼ぶ事態は、いかいか、定期的に「非常事態《エマージェンシー》」として現れ、予定していた仕事をすっかり覆い尽くす。

優先順位の設定について話していると、コーチングの相手から、「いい考えだと思います。

自分でも優先順位を決めて、そのための時間も確保しているのですが……それでも急な事態がしょっちゅう起こるんです！」とよく言われた。職務によっては、即座に注意を向けなければならない問題はたしかに発生するし、そのせいで、優先事項のために時間を確保できない状況も出てくる。ただし、急な問題に対応するのに最適なタイミングは、それが起こるまえだ。無理に決まってる、と思うかもしれないが、そう感じるのは、スケジュールのなかに緊急や予測外の事態のための時間を確保していないからだ。緊急の事態にあらかじめ備えておく方法をいくつか紹介しよう。

1．緊急のための時間を毎日、確保しておく

グーグル・クラウドのトーマス・クリアンCEOは、緊急時対応のための1時間を毎日のスケジュールに組み込んでいる。毎日同じ時間に設定し、彼の「私と仕事をするときのトリセツ」（第11章で取り上げる）に概要をまとめてある。緊急事態が発生しても、他の予定に影響を及ぼさずに対応するための時間が確保してあるのだ。チームメンバーも、この時間のことを知っているので、急いで話す必要が生じれば、その時間に合わせて連絡する。緊急事態がなければ、当人はその時間を通常業務やメールチェックに充てることができる。これは、大学の研究室で設けられるオフィスアワーに似ている。つねに同じ時間に同じ場所で教授は待ち、学生はそのあいだ、いつでも話しかけられる。誰も来なければ、教授は自分の仕事に取り組むのだ。

グーグルの別の役員も、似てはいるがちょっとひねったアプローチをとっている。毎日、特定の時間枠を空けておくが、具体的な時間をチームには知らせない。何かが発生して必要があればその時間で対応するし、緊急のことが何もなければその時間を静かに使うことができる。

どちらの例を見ても、彼らは予期せぬ緊急事態に対処するための時間を、スケジュールの特定の場所に収める方法を見つけ、残りの時間に影響が及ばないようにしている。

2.「緊急」か「重要」か

緊急の問題に対処する方法のうち私が気に入っているのは、具体的な用語・語彙《ごい》を設定しておくことだ。「緊急《アージェント》」ということばは、危機的／タイムリー／重要な／注目を集める、など多くの意味を含む。だが、すべての緊急事態が同じではない。では、緊急の問題が発生したときにどのように優先順位をつけるのだろうか？

私が見てきたなかで、最もよい方法だと思うのはアイゼンハワー・メソッド[*3]で、1954年に当時のドワイト・D・アイゼンハワー大統領がおこなった演説がもとになっている。[*4]「私には2種類の問題がある。緊急のものと重要なものだ。緊急の問題は重要ではなく、重要な問題は緊急ではない」。ときには両方である場合もあるが、アイゼンハワーは両者を区別することの重要性を指摘している。彼の演説から発展したメソッドでは、緊急と重要を次のように定義している。

緊急 VS 重要

	緊急	緊急ではない
重要	**1. いますぐ対応する** 自身のスケジュールを組み直してかまわない。	**2. 後回しにする** 対処するのに適切な時間帯を確保し、現在のスケジュールは予定どおり進める。
重要ではない	**3. ただちに人に任せる** 最小限の時間で「対処法」を考え、他者に解決を委任する。	**4. 断る** 自分の時間を割かないこと、他者に任せることを気に病む必要はない。

緊急――すぐに対応が必要な活動。通常は、他者のゴール達成にかかわる。

重要――自分（たち）の優先事項の達成にかかわる活動。

アイゼンハワー・メソッドとは異なり、私は、緊急であり同時に重要でもある活動も考慮に入れている。緊急かつ重要（上表の項1）だったら、ためらわずに対応する。時間の制約があり、かつ、自身の優先事項でもあるため、いくつかの会議や作業時間をリスケジュールしてかまわない。重要だけれども、すぐに対応しなくてもよい場合（項2）には、いつ対応するかだけをとりあえず決め、先に進もう。緊急だけれども重要ではない場合（項3）には、自分の時間以外の手段で対応する方法を見つけるとよい。「アカウントがロックされて仕事ができない？　それはたいへんですね。うちのＩＴデスクはとても優秀ですから、助けてもらえますよ。はい、これが内線番号です」みたいに。緊急でも重要でもない場合（項４）には、時間をかけなくていいはずだ。自身の優先事項をすでに決めていれば、表の３と４の状況には時間をかけることが少なくなる。

この表はとくに、チームで動いていて、緊急の問題が起こったときにどうするかをあらかじめ合意しておく場合に役立つ。発生した問題を表に当てはめ、チームとしてどのように対処するかを決定するのだ。感情が昂《たかぶ》ってもそれを客観視できれば冷静になれるのと同じように、予期しなかった問題や危機的状況が生じてもこの表に当てはめることで、優先事項に沿った方法で問題に取り組める。

3．組織を改善する

緊急事態が一度ならすぐに対処。
緊急事態が17回起こったら……仕組みに問題がある。

表の項１の状況が頻繁に起こっている場合、それは通常、仕組みのどこかが壊れていることを意味する。計画外の、あるいは予測すらしていなかった緊急の問題が毎日発生するのでは、疲労が溜まり、落ち着いて仕事をすることができない。「なぜこうした事態が続いているのか？」を問う時期なのかもしれない。解決のためにどんな仕組みを導入すればいいだろうか。頻繁に緊急対応が必要になるのなら、それを防ぐ方法は何か、ワークフローやコミュニケーション、プロセスにどのような変更を加えるべきかを検討する。これには、緊急事態のみに対処するチームや担当者を指定することや、過去10回の緊急対応を詳しく調査し、何が原因だったのか、それを避けるためにどのような対策が必要だったかを明らかにすることが含まれるかもしれない。

4．「緊急時に対処する」を優先順位のトップスリーに入れる

これまで述べたようなことを踏まえて準備したとしても、緊急の問題はやはり起こる。とくに、特ダネを追うジャーナリストや、救急病院の医師たちのような特定の職種では、先回りして対応することはできない。それでも、こうした事態が必ず発生することを認識し、スケジュールに余裕をもたせておくことはきわめて重要だ。追い詰められるまえに行動することができる。これは、毎日「緊急対応用」の時間を決めておくのとはちがう。頻繁に緊急事態が発生するような職種の場合、あらかじめ割り当てた時間にちょうど収まるものではないからだ。緊急事態には、より柔軟に対応する必要がある。問題が起こっても、あらかじめ緊急事態の発生を想定して時間をとっておけば、精神的にもスケジュール的にも早い収拾が可能だ。時間を確保

するためには、「緊急対応」を優先順位トップスリーに加えよう。たとえば、「グループのみなさんにトレーニングをぜひ提供したいのですが、私の仕事の性質上、毎日、緊急事態に対処するための時間を確保しているため、講演のお約束はできません」といった具合だ。職種によっては、先回りして緊急事態への時間をつくるのが理に適《かな》っている。救急医は、通常の予約患者を1日中、受け入れるのではなく、飛び込んでくる救急患者に対応するためにほとんどの時間を空けている。

優先事項を明確にし、緊急事態への先手を打ったあとは、仕事に集中しよう。優先事項は、あらゆる機会を判断する際のレンズになる。優先順位トップスリーを付箋紙に書き、デスクの目立つところに貼っておこう。新しい仕事の依頼が届いたら、それがトップスリーのどれかに合致しているかどうかを確認する。合致していない場合、それを引き受けるのは理に適っているだろうか？　トップスリーではないが、それでも重要だと感じる仕事が出てきた場合には、行き当たりばったりではなく、その関連性と必要条件を評価したうえで、目的意識と自信をもって引き受ければいい。とくに高い能力と集中を要求される取り組みであれば、優先順位の変更を検討する必要があるかもしれない。たとえば、新たにマネジャー職に就いた場合、一《いち》社員としての業務と、チームのまとめや部下の指導、サポートといったマネジャーとしての業務をどのように統合するかを考えなければならない。トレードオフを意識したレンズを通して、本当にだいじなことにフォーカスする姿勢が求められる。

さて、これで優先事項を明確に定めることができた。そのためにすべきことを特定し、毎日のカレンダーを吹き飛ばしそうな緊急の問題や出来事に対処する戦略も立てた。まさに「アップタイム」のための絶好のポジションについたのだ！

だが、緊急の問題をうまく回避できていたとしても、多くのことがあなたの時間を少しでも奪おうと狙ってくる。次の章では、いかに「ノー」と言い、生産性の低下を防ぐかについて取り上げる。

実践：生産性を上げるメソッド

■現在の優先順位トップスリーは何か？　それらを達成、実行するのに役立つ業務や会議は何か？（2つ～3つ挙げる）

■過去2週間分のカレンダーを印刷し、優先順位トップスリーに該当するものに蛍光マーカーで印をつける。結果を見て、自分の時間の使い方に納得するだろうか。

■緊急対応のための時間を毎日のスケジュールに組み入れる。または、緊急対応を優先事項の上位に加える。問題が発生したら、この章で示した緊急 vs 重要の表に個人またはチームで当てはめ、対応を考える。

第2章

「ノー」を伝えるテクニック

何にフォーカスするかは決まった。優先事項ごとの「ハイ・インパクトのタスク（仕事や作業）」も特定した。カレンダーに時間を割り振った。マネジャー／チーム／配偶者／パートナーからも優先事項への賛同を得た。さあ、準備は完了。

ここからむずかしくなるのは、優先事項のためにスケジュールを空け、維持し続けることだ。第1章のメソッドに沿って、印刷したカレンダーに蛍光マーカーで印をつけて時間分析をしてみたところ、優先事項トップスリーに費やす時間が30％に満たなかったとしよう（理想的には70％以上になるはず）。

足りない時間枠をどのように空ければいいだろう。

どうすれば、カレンダーを優先事項に合わせられるだろうか。

今後、優先事項を圧迫しそうな新しい仕事をどのように断ればいいだろうか。

優先順位 ≠ 並べ替え

膨大なToDoリストを抱えた人は、優先順位づけとは、すべての仕事を完了させるために、用件や作業を特定の順番に並べることだと考えがちだ。最も重要な用件から始めて、重要でないもので終わらせればいいというイメージがある。だがアップタイムの世界では、優先順位づけとは、リストの下層にある用件を切り捨てる方法や、そもそもリストやカレンダーに載せる価値のない用件を断る方法を考えることだ。まあまあ重要な用件に「ノー」と言えれば、ものすごく重要な用件に「イエス」と言うスペースができる（加えて、うまくこなすための時間も手に入る）。

> すべてにノーと言う。イエスと言うものを除いては。

リストを削り始めるときに私がよく使う方法は、頭のなかに浮かんでいる「できる」「やるべき」と思っていることすべてを書き出して整理することだ（各種のリストについては次の章で掘り下げる）。次に、そのなかからおよそ3分の1を、優先順位の低いものとして特定する。それらはたいてい、ずっと頭のなかに残ってはいるものの、リストからリストへもち越されるだけで実行されないままになっている。さらに、特定した3分の1のそれぞれについて、次のように自問してみる。

これをしなかった場合に起こる最悪の事態はなんだろう？
これを自分がやらずに済む別の方法はないだろうか？
これを途中までやって次に進む方法はないだろうか？

こうした問いかけは、「人に任せる方法」「作業を効率化する方法」「できるかぎり労力と時間を節約する方法」を考えるきっかけになる。たとえば、家族と私が新しい家に引っ越した直後、私の仕事部屋は何もない状態だったので、「仕事部屋を飾ろう」と思い立ったことがある。気分転換にもなるし、ビデオ会議のときの背景としてもいいだろうと。しばらくのあいだ、私がリストを作成するたびに、「仕事部屋を飾る」という項目が入っていた。だが、ほかにもやらなければならないことが大量にあったため、優先順位はなかなか上がらなかった。そこで自問してみた。

「仕事部屋を飾る」をしなかった場合に起こる最悪の事態はなんだろう？

おそらく何も起こらない。自分以外はほとんど誰も立ち入らない小さな部屋が殺風景なままで、ビデオ会議のときの背景が最高にクールというわけではないことぐらいか。

「仕事部屋を飾る」を自分がやらずに済む別の方法はないだろうか？

この問いかけをきっかけに、インテリアデザイナーを雇ったらどうかと考え、手ごろな価格で人に任せる選択肢を調べてみた。

「仕事部屋を飾る」を途中までやって次に進む方法はないだろうか？

なかなかこのＴｏＤｏを終えられなかったのは、本棚を並べて額縁に入れた複製画を掛けるだけでいいのに、テーマに沿って完璧に飾りつけようとしていたからだと気づいた。完璧を目指すのは進捗の敵になりうる。私しか使わない部屋の完璧な飾りつけと手抜きの飾りつけのちがいなんて誰がわかる？　タイマーをセットして、装飾品の注文に1時間、届いた品を週末に2時間かけて組み立てて飾ればそれで充分では？　ＴｏＤｏの一部（本棚を組み立てたり、高いところに額縁を掛けたりする作業）を、リタイアしていて時間があり、手先も器用で、喜んで手伝ってくれる私の父のような人に任せてもいい。おそらく、わずかな時間で満足のいく成果が得られるはずだ。それで充分だし、何も飾らないよりはるかにいい。

これらの選択肢はどれも、私の優先事項リストから項目を削除すると同時に、ループを閉じ、最終的に仕事を完了させる方法である。まったく飾らないというのもひとつの選択肢だ。どれを選ぶにせよ、決断を下したということであり、この項目について考える必要が消え去り、ToDoリストが雑然とするのを防ぐことができる。

私の時間の価値は？

私の元上司で、グーグル・クラウドのストラテジー&オペレーション担当バイスプレジデントのアナス・オスマンは、時間の価値について多くのことを教えてくれた。彼は自分の時間にどれほどの価値があるのか確固としたイメージをもっており、彼がいつもギリギリの時刻に空港へ行くのに気づいた私に、「フライトの5%を逃してもよければ、長い時間を空港で過ごす必要はないよ！」と言った。彼は年に30週ほど出張していて、「搭乗できる定刻ぴったり」に空港に到着するようにすることで、年間約60時間を節約していた。年に3便（30往復の5%）程度に乗り遅れたとしても、空港で60時間を座って過ごすよりも不便さはずっと小さい、というのが彼の持論だった。みなが賛同するわけではないだろうが、時間の使い方にこだわるという点では私にとって重要な知見となった。

彼からもらった最高のアドバイスは、自分の時間にどれだけの価値があるかをつねに金額で換算するということだ。こう聞くとほとんどの人は、1時間でいくら稼げるかという意味だと思うだろう。だが彼が言おうとしているのはそれだけではない。むしろ、自分がしたくないことをしないでいるために、1時間をいくらで買うかということだった。家族のもとに1時間早く帰れるとしたら、フライトを変更するのにいくら払うだろうか？ 組み立てる必要のない、そのまま使える家具に、いくら払うだろうか？ 部屋をペンキで塗るのに丸一日かかるとしたら、誰かに依頼するのにいくらなら払ってもいいと思うだろうか？（もしあなたがペンキを塗るのが好きなら、話は変わってくるし、金額にも影響する。ここでは、やりたくないという前提で話を進める）

私の仕事部屋の話に戻ろう。部屋をととのえる品の買い物と設置に5時間かかるとしよう。この見積もりを、1時間あたりの自分の平均的な価値と照らし合わせれば、やりたくないことをやらずに済ませるためにフルサービスのインテリアデザイナーを雇う価値があるかどうかがわかるはずだ。平均的な価値は、仕事や家庭での優先順位や自身の経済状況、スケジュールの柔軟性などによって変わることもあるが、あまり考えなくても答えられる数字のはずだ。

友人のなかに毎晩、保育園に預ける哺乳瓶と小さいパーツを手洗いする人がいる。なぜ食洗器に入れないのかと尋ねたところ、手持ちの哺乳瓶の数が少なく、洗い終わるのを待っていると翌日の持ち物準備に時間がかかるからと答えが返った。（生産性重視派でしつこい性格の）私は、哺乳瓶とパーツのすべてを手洗いして乾かすのにどのくらいの時間がかかるのかと訊いた。15

分から20分とのことだった。頭のなかで計算すると、彼女は哺乳瓶を洗うのに年間120時間ほど（つまり15営業日分！）も費やしていたのだ！　これらすべては、新しい哺乳瓶8本セットの平均価格、約50ドルを節約するためだ。このような状況では、彼女の1時間あたりの価値がいくらかを知り、それを120時間で掛け算し、新しい哺乳瓶を買うコストと比較するといい。もし、彼女の1時間の価値が0・41ドルより低いか、哺乳瓶を手洗いするのが楽しいのでなければ、新しいセットを買って1年使うほうがよいだろう。

人によっては、哺乳瓶を洗うことが好きだったり、そのあいだにポッドキャストを聴くなど別のことを並行作業していたり、食器棚が狭くて哺乳瓶を増やしたくないなどの事情があったりするだろうから、単純に決めつけることはできない。とはいえ、この例に関しては、日々おこなっている手洗いという作業と当人の時間の価値が見合うかどうかを検討してみるべきだろう。

時間を最も貴重な資源として考えることがたいせつだ。自分の時間の価値に見合うかどうか確信のもてない仕事が出てきたら、左の表の項目を自分に問いかけ、取り組む価値があるかどうかを判断しよう。

質問	アクション
その仕事に取り組みたいか？	イエスなら、自分の時間の価値を少し緩く考えてもいい。
人に任せるのに多大な労力がかかるか？	自分なら2時間でできる一方で、適任者を探して連絡し、説明するのに3時間かかるなら、任せる価値はない。
ほかにもっとやりたいことがあるか？	イエスなら、他者を雇うか、委託する。
別の仕事に自分の時間を使ったほうが価値が出るか？	時給で働いているとして、手元の仕事を他者に頼んで金を払い、自分は別の仕事をしてその金額より稼げるなら、そうすべきだ。
それを「自分がすべきだ」と感じるか？	他者を雇ったり委託したりできるとしても、その仕事をやり遂げることで得られる誇りや当事者意識のほうがだいじなら、引き受ける。
自分よりはるかにうまく遂行できる人がほかにいるか？	イエスなら、その仕事をおこなう時間が自分にあっても、望む結果を得るために誰かを雇ったり委託したりするほうが、より大きな価値が出るかもしれない。
明日それをやってほしいと頼まれたら、その時間を空けるために自腹でいくら払えるか？	その仕事を「しない」ことの価値を算出し、それをもとに、他者に委託するか、いくら払うかを決める。

暗黙の「ノー」

何かにイエスと言うときは、裏でほかのことにノーと言っている。

ノーと言うことで気まずくなったり、相手を失望させたりするのがいやで、多くの人はつい「イエス」と言ってしまいがちだ。だが、時間は有限の資源だということを忘れてはいけない。イエスと言うたびに、ほかの何かにノーと言っていることになる（あからさまに口に出さなくとも）。母親から毎週金曜日に夕飯を食べにきてと誘われたら、断りづらくてイエスと言ってしまうかもしれない。だが毎週、母親の家で食事をするということは、これから届くかもしれない別の誘いを先回りして断っていることになる（だからこそ私は、毎年11月を「ノープラン・ノーベンバー」として、1カ月間、当日の朝まで約束を入れないようにしている。自分がその日に「する気になった」ことだけに時間を使うと、生活がどのように変わるかを観察したいのだ）。毎週の会議にイエスと言って出席し始めたら、その時間にできたはずの仕事にノーと言うことになる（その判断が妥当な場合もあるだろうが、これから毎週、何をあきらめることになるのかは意識しておきたい）。

新しい委員会に参加することは、別のプロジェクトにかける時間にノーと言うことだ。1対

1の面談の機会を引き受けることは、他のチームメンバーと過ごす時間へのノー。終業後の約束は家族との夕食へのノーだ。この場合、はっきり「ノー」と言ったわけではない（おそらく子どもたちは、あなたと一緒に食べたいと頼んできてはいないだろう）が、別のことを選んだのだから「ノー」と言っているのと同じだ。間接的に断っている。

適切なトレードオフなら問題はないが、どんな「イエス」も、直接的にしろ間接的にしろ、何か別のことへの「ノー」になっている。その「何か」がなんであるかをつねに気に留めることで、バランスを考えた時間配分ができるようになる。

責任範囲を見きわめる

グーグルのエグゼクティブにコーチングを始めたとき、ディレクター（部門長）以上の職務レベルであれば、誰でも参加できるようにした。すると、申し込みが殺到し、コーチング・セッションに多大な時間をとられるようになった。多くの人をサポートできてはいたが、疲れ果てた。優先順位トップスリーのうち、残りのふたつ――グーグル社内での発展的な学習支援と、グーグル・ワークスペースのプロダクト機能についてのコンサルティング――のための時間があまり見つけられなくなった。新しいループを開くのも停滞していた。私はついに、コーチングの対象を経営陣直下のバイスプレジデント（VP）のみに絞ると決断し、一部で不満の声があがったものの、セッション数を大幅に減らすことができた。

ディレクター向けのセッションをカレンダーに組み込むだけならその時間はあった。だが、セッションごとの準備やフォローアップを充分にできなかった。アイデアを参加者と共有したり、コーチングに必要な素材を用意したりする余裕がなかった。私は疲弊していた。少人数のVP向けにコーチングを限定したことで、私は元気を取り戻し、ディレクターのための柔軟な学習方式を備えたグループ研修を考案することができたし、彼らすべてと共有する情報の精度を高めることもできた。さらに、VPとのセッションもより研ぎ澄まされ、成績がぐんと上がった。能力を発揮するには、カレンダーに予定を詰め込むのではなく、脳を回復させる「ダウンタイム」が必要だという好例だと思う。仕事を減らしたことで、結果的により多くのことを達成できた。

プロジェクトへのかかわりや責任を削ろうとするときには、まず、一時的な措置としてとらえよう。何かに一時的にノーと言ってみて、その決断が自身のエネルギーとスケジュールのバランスを取り戻すうえで適切かどうかを見きわめるのだ。この「試行して調整する」の例をいくつか挙げる。

■ 1カ月間、VPに絞ってセッションを実施し、自分がどう感じるかを見て、今後の対応を決める。

■ 1週間、午後5時ちょうどに、無理にでも退勤してみて、仕事から引き剥がされたことでどのくらいストレスを感じているかを毎晩、確認する。
■ 四半期のあいだ、チーム会議を毎週ではなく隔週にしてみて、それが意思決定のスピードやチームの人間関係にどのように影響するかを見る。

「試行して調整する」アプローチの目的は、一定期間中、解決策の案を試行してみて、その有効性に関する知見に基づいて改善していくことだ。試行するたびに新しいデータが得られ、調整の進め方を洗練していくことができる。

自分の裁量でいつでも責任を大きく変えられるわけではない（たとえば、2年間の任期で加わった理事会を1年で辞めるのは好ましくない）が、あらかじめ考えておくことで、次になんらかの変動があるとわかったときに、スケジュールと時間のバランスに照らして責任を手放すかどうかを判断することができる。

「1日に8時間、会議が詰まっていてね、その全部が重要なんだ！」と言う人がいる。だが、優先順位を見直す方法は必ずあり、そのひとつは「重要」と「超重要」の区別を意識することだ。マネジャーから社運を賭けたビッグプロジェクトに参加してほしい、と打診されたとしよう。まちがいなく「超重要」なオファーだ。もし引き受ければ自分の時間の25％を回さなければならないとすると、現在手がけている「重要」な仕事のうち、その「超重要」なプロジェクトのために空けられるものはなんだろうか。すぐに思い浮かぶことが、スケジュールのなかで動かしたりまとめたりしやすい「簡単な候補」のはずだ。

すべてが重要に感じられ、仕事量や約束を減らす方法がわからない場合には、マネジャーやチームリーダーに相談するのもひとつの方法だ。5つのプロジェクト・グループに属していて、ふたつを削るべきだと感じているなら、どのプロジェクトを優先すべきかについて上司と話してみよう。その過程で、自分が重要だと考えていた委員会を、上司はさほど気に留めていないことが判明するかもしれない。より重要な他の仕事に最善を尽くすために何かを断ることを支持してくれたり、あるいは積極的に勧めてくれたりするかもしれない。そうなれば、自分も行動を起こしやすくなるだろう。

新しい依頼に「ノー」と言う5つの方法

現在抱えている責任を手放すこと（第6章で取り上げる）よりも、新たな依頼にノーと言うほうが易しいが、新たな依頼の断り方にも戦略がある。多くの人にとって、「ノー」は自然には出てこない。私もその方法を、長い時間をかけて試行錯誤しながら学ばなければならなかった。自分の時間を護《まも》ることと、人とのつながりや他者への敬意とのあいだでバランスをとらなければならない。断りすぎたり、断り方をまちがえたりすると、自身の社会的信用を毀損《きそん》するおそれがある。慎重なバランスが必要だ。私にとってとくに効果的だった5つの方法と、実践例を次にまとめる。

1. たくさん質問してノーにつなげる

意思決定を下すまえに、より詳細な情報を入手し、ほかに知っておくと役立つ情報がないかを考える。できるかぎり質問する。

■時間的負担を確認する。

この新しいプロジェクトへの打診をありがとうございます。参加した場合、毎週どの程度の時間を見ておいたらよろしいでしょうか？

■自身の優先順位トップスリーに合致するかを考える。

チームの境界を超えた取り組みに参加する機会をくださってありがとうございます！　このプロジェクトは何をもって成功および完了となりますか？　達成しようとしているゴールは何かご教示ください。

■自身への期待値と、ほかの人がこの仕事をどの程度優先しているかを知る。

○○部会で話す機会をありがとうございます！　ほかの講演者の人数と、それぞれのおおまかな講演内容、それから、参加者を増やすためにおこなう事前告知の予定を教えてください。過去に主催した講演会やイベントの例とその出席率も併せてご提示いただけますか？

2．検討すると伝える、または、すぐには返答しない

これは私の気に入りの戦術のひとつで、前項1．の「たくさん質問してノーにつなげる」と組み合わせることもできる。ときどき私は、ゲームをしている感覚に陥る。どんなメールや質問やリクエストにも、瞬時に確定的に返答しなければならないと感じる反射モードだ。私の咄《とっ》嗟《さ》の反応は、熱心に引き受けるか、先回りして断るかのどちらかになることが多い。だが、どちらも害になりうる。24時間経ったあとなら、なんと言うべきだったのか、あるいは何をすべきだったのかがわかる。そしてそれは多くの場合、咄嗟の反応とは逆だったりする。私の好む別のやり方は、誰かから送られてきたメッセージを読んだり、誰かの提案を聞いたりはするが、どのように対応するかを即断せず、しばらく保留にしておくことだ。

■ 時間を稼ぐ。

○○さんが携わっているツールについてお話をうかがえたのは有意義な時間でした。

どのようなサポートを求めていらっしゃるのかもわかりました。検討させていただき、当方でご協力できることがありましたら、のちほどお知らせします。

■ 自分の思考過程を共有する。

いま、ちょうどいくつかの講演依頼を見直しているところです。現在の優先事項に照らすと、今回のイベントに時間を割くのはむずかしく、少し検討の時間をいただけないでしょうか。

私はこの戦略を子どもたちにも実践するようにした。以前は、娘に「キラキラのラメを使ってもいい？」と訊かれると、反射的にノーと答えていた。飲み込んだら危ないし、なにしろ掃除がたいへんだから。でも、あるのんびりした雨の日曜日、娘の片づけを手伝いながら、なぜイエスと言って、そうさせてやらなかったのだろうと考えた。逆に、粘土遊びだったら、あまり考えずに許可を出していたことを思い出した。あと5分で家を出なければならない、粘土を集めたり片づけたりするのはたいへんなタイミングだったときにも。だから、子どもたちに対しても、「ちょっと考えてから決めるね」と言うようになった。その短い時間のあいだに、直感的な反応を抑え、理性的に考えて決断するのだ。

3.「イエス」の未来と「ノー」の未来を想像する

これは、長期にわたるプロジェクトや任務への参加要請を検討する際に非常に役立つ。私は目を閉じて、イエスと言ったらどうなるか、ノーと言ったらどうなるかを想像してみる。たとえば、経営幹部サミットに講演者として参加してほしいと頼まれたのなら、フライトの前日に準備をしている自分の姿を思い浮かべる。何を考えているだろう？　イエスを選んだ自分が「こんな仕事、引き受けなければよかった！　四半期末はいつも忙しいのに」と嘆く姿だろうか。それとも、ノーを選んだ自分が、サミットの講演者たちの紹介や写真を見て、「私もこれに載るはずだったのに。なんで断ってしまったの？」と嘆く姿だろうか。それとも、帰りの飛行機のなかで、「とても有意義な時間だった！　おおぜいの人たちと人脈を築くことができた」と充実感に浸る姿だろうか。どの「未来の自分」がより現実的に感じられるかを想像することで、どう返答するかの決断を助けてくれる。

4.ノーと言うまえに別の方法を提案する

素っ気なさを相手に感じさせずに断るこの方法を、私は気に入っている。たとえば、メールでなら時間をとってもいいが、会って話すまでもないと思ったら、わざわざミーティングにノーと言う必要はなく、自分にとって都合のいい方法にシフトさせればいい。

■メールに誘導する。

まずご質問をメールで送っていただけませんか？　ミーティングが必要かどうかはそのあとで決めましょう。

■データ上でのコメント交換に誘導する。

まずファイルにコメントを入れていただけませんか？　ミーティングが必要かどうかはそのあとで決めましょう。

■他者に転送／委任する。

そのチームイベントで話ができたらよかったのですが、残念ながら時間の都合がつきません。私のサイトに自主学習用モジュールがありますからそちらを活用していただくか、同じトレーニングを実施できるXさんをご紹介させてください！

このように「ノー」と言うことで、自分の時間と優先事項を護りつつ、相手方に、尊重されているという感覚を与えることができる。自分にリマインダーを設定しておき、イベントが終わったころにどうだったかを尋ねるなど、もう一歩踏み込んだ対応も考えられる。

5．すぐにノーと言う

最もシンプルな方法（そして多くの人にとって最もむずかしい方法）は、率直にノーと言い、その理由を説明することだ。自分の時間と優先事項に関する文脈を追加することで、相手方に、拒絶されたのではなく、事情があって仕方なかったのだと感じさせることができる。3つの例を紹介しておく。

■ 時間がない。

この新しい取り組みを教えてくださってありがとうございます。すばらしい機会のようですね。参加できたらよかったのですが、残念ながら、今期は急な対応が必要になりそうな案件がいくつかあって、そのために時間を空けておかないといけません。最終成果を見るのを楽しみにしています！

■ 参加する必要がない。

こちらのチームではエイミーのほうが状況をよくわかっていますし、すでに参加の承認も得ました。彼女に任せて私は欠席とさせてください。

■ ほかに優先事項がある。

月末までに仕上げなければならない仕事がいくつかあって、今週は集中して取り組む予定なので、この会議は欠席いたします。成功を祈っています!

逆の立場で「イエス」を引き出す

ノーの言い方を習得したら、似たような戦略を逆の立場から使えるようになる。プロジェクトへの参加や協力を求める場合、右に挙げたテクニックを逆手にとって活用できるのだ。誰かに共同プロジェクトに加わってほしいとき、あるいはサポートしてほしいときには、私は「自分が断る理由」と「受諾する理由」について考える。具体的には以下のような状況が考えられる。

■今回の依頼が相手の優先事項と合致していることを説明する。

貴殿がこの四半期に掲げている目標（グーグルには〝目標と成果指標（OKR）〟というものがあり、組織の全員に公開している）**を拝見しました。そのなかに、私が取り組んでいることと完全に合致するものがありました。当方のプロジェクトと連携し、貴殿の当期の目標達成に向けて、一緒に取り組めたらと考えています。**

■内容をできるだけ詳しく、また柔軟性をもって提示する。

こちらのチームでお話をしていただきたいと考えています。以下に詳細を示しますのでよろしくご検討ください。

・日程（可能ならば、複数の選択肢を提示する）
・時刻（可能ならば、複数の選択肢を提示する）
・参加人数
・話の構成（最も魅力的に感じるものを選んでもらえるように、Q＆A、プレゼンテーションなど、複数の選択肢を提示する）
・なぜ、あなたに依頼するのか
・このイベントの成功のイメージ

自分がノーと言う場合でも、相手にイエスと言ってもらう場合でも、これらの実践的なテクニックは、自分の時間や相手の時間から望みどおりのものを得るのに役立つ。

時間をかけて練習を重ねれば、ノーと言うことと、（より重要なこととして）精神的負担を感じずに自分の時間を護る技が自然と身についていくはずだ。どの業務に全力を注ぐべきか、どの業務を人に任せられるか、どの業務を手放せるかも、把握できるようになるだろう。断ることに伴う罪悪感や、安易にイエス（場合によっては「ノー」も）と言ってしまったあとによくある後悔を避けることができる。ノーと言うのを学ぶことで、イエスと言いたい事柄に対して、デスクの上もカレンダーも整理しておくことができる。さらに、はじめから境界線と仕事の規範を設けておけば、そもそもノーと言う必要性をなくすことができる。その話は第11章で説明するが、まずは本書で最もたいせつな「ＴｏＤｏリスト」づくりについて、次章で話そう。

実践：生産性を上げるメソッド

- 未決箱に入ったままになっている断りたい依頼、または気がかりになっている仕事を選ぶ。
- 「新しい依頼にノーと言う5つの方法」のなかから、今回の問題に最も適した方法を決める。
- 相手からの信頼を維持しつつ、自分の貴重な時間と優先事項を護れるような、的確な返答を準備する。

第3章

プロフェッショナルなToDoリスト

「ノー」と言うことで優先事項のための時間を確保できたなら、次は、「ハイ・インパクトのタスク（仕事や作業）」を追跡し、カレンダー上でいつ完了させるかを決定する方策が必要になる。そこで登場するのがリストだ。リスト作成は、序章で述べた「生産性の5つのC」のうち、「コンソリデート（統合）」の部分にあたる。手持ちのループをすべて把握し、適切なタイミングで「クローズ（完了）」できるようにまとめる作業だ。

リスト作成は、つねに高い生産性と結びつく。ドミニカン大学カリフォルニア校のゲイル・マシューズ博士が手がけた有名な研究によると、目標を書き留めるだけで達成率が42％向上するそうだ。[*5] ただし、リストは非常に便利である一方、落とし穴もある。「いつかピアノを弾けるようになる」と「午後5時までにプレゼン資料を完成させる」という、期間も労力レベルもまったく異なる項目が同じToDoリストに並んでいいのだろうか？　どちらも達成したい目標に変わりはないが、一方は長期的なビジョンであり、もう一方はいますぐ着手しなければならない具体的業務だ。これらをどのように共存させればいいだろうか？

リストは一度作成したらそれで終わり、というものではない。脳がＴｏＤｏを管理し、確実に実行に移すための、生きて呼吸しているシステムである。生産性の要《かなめ》だ。適切に使えば、さまざまな利点が得られる――仕事もプライベートもマネジメントしやすくなり、すべきことと、その期限を正確に把握でき、「すべきことが何も抜け落ちていない」という安心感が得られ、脳の容量をほかのことに使える余裕が生まれる。ほんの短時間の計画が、長期的に見れば大きなちがいをもたらすのだ。

ブライアン・トレーシーは、著書『カエルを食べてしまえ！』〔三笠書房・２０２０年・新版〕のなかで、１日の計画に10～12分を費やすと、「散漫な時間や無駄な労力を1日に最大2時間（１００～１２０分）節約できる」と述べている。[*6] スーパーマーケットでの買い物リストを考えるとわかりやすい。必要な品のリストを5分かけてつくり、売り場ごとに整理して書き出しておけば、20分で買い物が済む。何を買うのだったか、どこにあるかを思い出しながら、うろうろと店内を歩き回れば、40分はかかるだろう。最初に5分かけて計画することで、15分を節約できるのだ。

ＴｏＤｏリストは逆三角形をしていると考えるといい。まず、自分ができる、あるいはしたいと思うことすべてを、最も高いレベル（概要レベル）で書き出し、そのあとで、時間やエネルギー、優先順位に基づいて、時間ごとに実際に何をするかを絞り込んでいく。この章で説明する「逆三角形型のＴｏＤｏリストづくり」は、私がグーグルで何年もコーチングに使ってきた効果的な方法だ。もしあなたが、頭のなかですべきことをつねに追跡したり、仕事とプライ

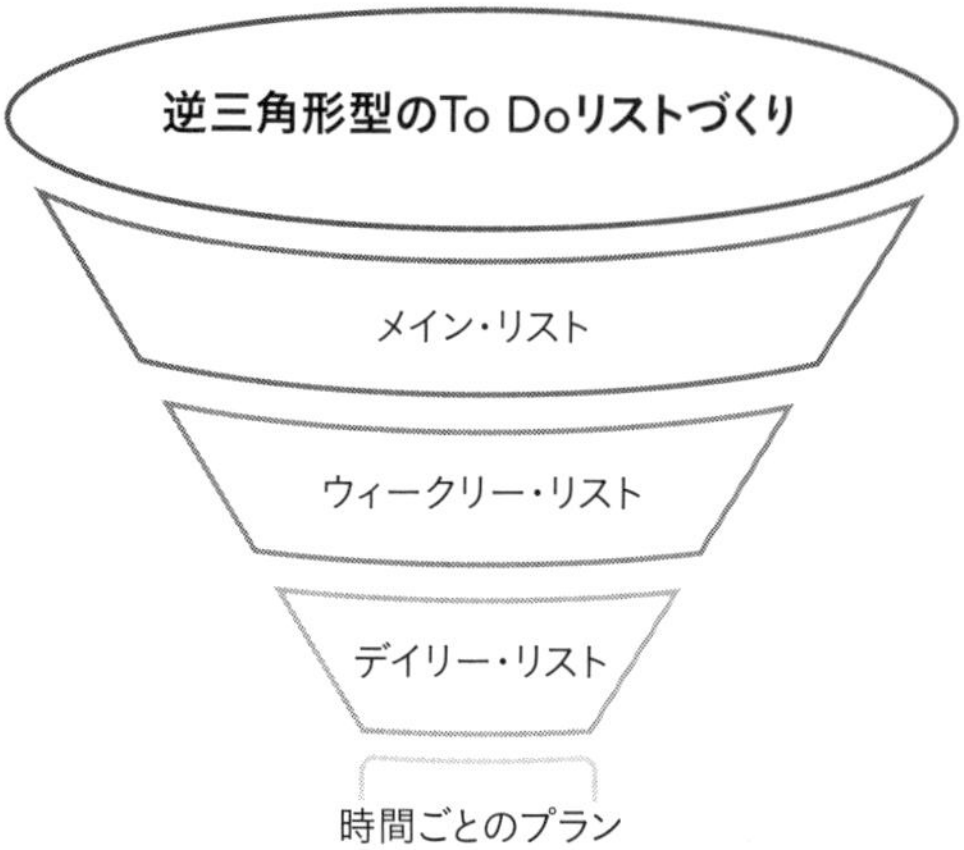

ベートのＴｏＤｏのやりくりに精神的負担を感じていたり、会議後のフォローアップに追われていたり、達成しなければならないことをいつも思い出そうとしていたり、さまざまな場所で発生した事案に同時に対処したりしているのなら、この逆三角形型のシステムがおおいに役立つはずだ。部分的に使うことも、全体として使うこともできる。役割やレベル、責任に応じて、逆三角形をどの深さまで使うかは自分次第だが、すべてのＴｏＤｏを追跡できる包括的なシステムになっている。私が指導した人たちはこのシステムを使って、自分専用のノートやホワイトボード、繰り返し使えるテンプレートを作成していた。彼らからは、逆三角形に並んだリストによって時間を節約し、生産性を向上できたとの報告が届いている。

逆三角形に含まれるリスト

「逆三角形型のToDoリストづくり」は、マクロからミクロへと効果的にリストを展開していくシステムだ。最初に「メイン・リスト」を作成する。メイン・リストは、1万メートル上空から地上を眺めるような、現在進行中のすべての事柄をおおまかに把握するもので、時間配分やスケジュールは措《お》いておいて、脳内に浮かんでいる閉じていないループをすべてスキャンして書き出す。仕事用とプライベート用を必ずしも区別する必要はなく、メイン・リストにはどちらのタイプのToDoも入る。つまり、ひとつの脳にひとつのメイン・リストが対応する。

メイン・リストができあがったら、そこから「ウィークリー・リスト」にアクション項目を移動していく。ウィークリー・リストは、メイン・リストのなかからその週に取り組むつもりの具体的な用件を項目別に書き出し、週の曜日に割り当てるものだ。さらに下の階層にある「デイリー・リスト」には、ある1日の最重要の優先事項、完了時刻の見込み、そして定期的に取り入れた習慣の追跡など、その日の概要が入る。デイリー・リストには「時間ごとのプラン」という欄があり、その日の時間を具体的にどのように使い、個々のアクションをその日の何時ごろにおこなうのかを記す。それぞれの「時間ごとのプラン」を予定どおりに達成するということは、上の階層のToDoの1ピース分、1時間分を達成するということになる。これらのリストは、紙とペン（私の好みはこれ）でも、デジタルでも作成できる。私のウェブサイトには、紙とデジタルのリストのサンプルを掲載している。重要なのは、実際にリストがあり、相互に連携していることだ。

メイン・リスト

つねにもっておくべきなのが、私が「メイン・リスト」と呼ぶリストだ。私のメイン・リストは、紙のメモ帳に書いた物理的なものだが、デジタルでもかまわない（ちょっと助言させてもらうと、紙のリストの場合には、なくしても困らないように、すぐに写真に撮る習慣をつけよう！）

メイン・リストの特徴は、すべきことが、使うエネルギーとアクションの種類ごとに分類され、ダッシュボードのような見た目になっていることだ。ここで示す私のメイン・リストの例は、仕事とプライベートのＴｏＤｏを分け、さらに、完了するために必要なアクションの「種類」で分類している。このように分けることで、たとえば、コンピューターは使えるけれども電話はできない長いフライト中や、コンピューターから離れて家の細々したことを片づけているとき、外での用事が早く終わって学校の迎えまでに時間が余ったときなどに、いまの状況で何に取り組めばいいかが簡単にわかる。「未来の自分」が成功できるように、いまのうちに下準備をしているのだ。

ふだん私は左の６項目を標準的なカテゴリとして使っているが、独自に作成してかまわない。

メイン・リスト

コンピューター（仕事）	コンピューター（プライベート）
□ メール研修の資料を作成（期限10/2） □ プロジェクトの企画案を完成 □ マアヤンとのミーティングをセット □ ニュースレター原稿を下書き（期限8/30）	□ サマーキャンプ申し込み □ シャビエルの誕生会のオンライン招待状を発送 □ 本の執筆を終える（期限12/8） □ 母へのフォトブックをデザイン

電話	自宅周り
□ スイミングスクール、振替の件 □ シーラの学校の校長、入学の件 □ 保険会社、歯科医からの請求の件 □ 壊れたフェンスの件	□ 子どもの冬服の衣替え □ 旅行用のビーチ用品を準備 □ 網戸の修理 □ ピアノの稽古

買うもの	その他の用事
□ 居間のラグ □ イーランの誕生日プレゼント（7/3まで） □ ジャッドの父の日プレゼント（6/7まで） □ ドッグフード	□ 水着を返品（8/12まで） □ 車検（11/1まで） □ 現像した写真の受け取り □ クリーニングの受け取り

同じタイプのアクションにグループ化できるものならなんでもカテゴリに加えられる。私の仕事の大部分はコンピューター上でおこなうが、アクションの種類によっては2～3のサブカテゴリに分けてもよいだろう（ただし、3つ以下にするよう心がけている）。たとえば、契約弁護士であれば、「契約書作成」と「交渉準備」のように、異なるタイプのエネルギーを要する業務に分けられるかもしれない。写真家なら、「クライアントへの返信」と「写真の編集」といった分け方が考えられる。ここでのゴールはプロジェクトごとにサブカテゴリを設けることではない。タイプの似た作業をグループ化することにある。いまの段階では、メイン・リストは、頭のなかにあるすべての業務を一度に書き出す場所だと考えればいい。新しい項目（メールで届いた依頼や、会議を経て自分が担当することになったアクション項目など）をどのようにメイン・リストに追加するのか、そしてメイン・リストがどのように変化していくのかについてはあとで取り上げる。

その後は毎週、メイン・リストを見直し、項目を抜き出したり、完了した項目を消したりしていくことになる。頭のなかをすっきりさせ、自分を生産的な状態に置くためにとくに有効なのは、脳内にある開いたままのループをすべて、締切とともにメイン・リストとして書き出すことだ。あなたがこの第3章から何かひとつだけ実行するなら、それはこのメイン・リストであってほしい。生産性を前進させるうえでとくに大きなちがいが得られるはずだ。各カテゴリのもとで、頭のなかにあるすべてのＴｏＤｏを分類してみよう。

ウィークリー・リスト

生産性を妨げる最大の障害は何かと訊かれたら、私はよく、したいことのリストはあってもそれをいつ実行するかのプランが欠けていることだと答える。

私がコーチングしたあるエグゼクティブは、仕事が完了せずにもち越されるだけの、終わりのないＴｏＤｏリストに悩んでいた。次回のセッション時にそのリストをもってきてもらい、彼女のカレンダーも印刷した。ふたりで腰をおろし、リストの項目一つひとつについて話し合った。「さて、この項目ですが、いつ取り組むという予定はありますか？」彼女の答えはほとんど同じだった。「そうですね、１日中、会議ばかりで、どこにも時間がないので……おそらく夜かしら」。誰だって夜に仕事なんかしたくないし、終日、会議室で過ごしたあとならなおさらだ――燃え尽き症候群に陥ってしまう。そこで、ＴｏＤｏの項目の検討時間を、ウィークリー・スケジュールの一環として組み込み、会議と同じように事前に時間を確保することにした。

週のはじめ（通常は日曜の夜か月曜日の朝）にメイン・リストを見て、それをもとにウィークリー・リストを作成する。メイン・リストだけを見ながら仕事を進めるのは、その週に取り組むつもりのない仕事を選り分けるのにエネルギーポイントを使ってしまうので、効率がよくない（リスト管理のワークフローについては章の後半で説明する）。

ウィークリー・リストを作成したら、その週全体のスケジュールに目を通し、開いているループをどのように「閉じるか」について具体的な情報をつけ足す。メイン・リストには、いずれ完了したいすべてのＴｏＤｏが載っていることを思い出してほしい。その週が出張や会議で忙しければ、メイン・リストからウィークリー・リストに移らない項目があっても問題はない。私は、メイン・リストからいくつか取り出して、時間帯やテーマに沿って振り分けている。たとえば、火曜の夜にはコンピューターに触れず、自宅周りで身体《からだ》を使った作業をする。水曜の夜にはコンピューターを使ってプライベートのＴｏＤｏを片づける。金曜の夕方には細々とした用事を片づける。日曜の夜には、必要な品をオンラインで買う。こうして私のメイン・リストにある「コンピューター」や「自宅周り」などカテゴリのそれぞれに、少なくとも週に１回は確実に取り組むことができる。

> 生産性をピークに引き上げる要素のひとつは、「まだ取り組んでいないこと」を把握することだ。これは「すでに取り組んでいること」と同じくらい重要だ。

その週のカレンダーに、ＴｏＤｏの項目を組み込める時間が残っていないことがある。このような場合、すでに決まっている出張や会議を踏まえ、その週にできることを現実的に考える

ウィークリー・リスト

今週の優先順位トップスリー	実行予定日
□ プロジェクト企画案の仕上げ(2時間)	曜日:水、AM
□ 子どもたちのサマーキャンプ申し込み(1時間)	曜日:水、夜
□ マネジャー向けニュースレターの下書き(30分)	曜日:木、AM

ほかに今週できること	実行予定日
□ ショッピングモールで水着を返品	曜日:金、PM
□ 子どもたちの冬服整理	曜日:火、夜
□ シーラの学校の校長に入学について電話	曜日:木、ランチタイム
□ シャビエルの誕生会のオンライン招待状送付	曜日:水、夜
□ 学校のパーティー用グッズ注文	曜日:日、夜
□ バスルームの戸棚の整理	曜日:日、夜
□ 母とビデオチャット	曜日:金、AM
□ 家族キャンプ申し込み	曜日:水、夜

曜日のテーマ

月	仕事の計画と準備/洗濯
火	コーチング・セッション/自宅周り作業
水	プロジェクト/コンピューター作業
木	事務作業/庭の手入れ
金	メールとフォローアップ/その他雑用
土	休息と娯楽
日	食料品の買い出しと料理の準備

習慣トラッカー

瞑想	○○○
運動	○○○
野山ウォーキング	○○○

今後の予定

来週の予定で
頭に入れておくべきこと

501c3に向けた幹部会議が
来週ある

か、その項目のためにカレンダーのスペースを空けるかのどちらかになるだろう。ウィークリー・リストに注意を払っておけば、週末になってから、予定していた項目が完了していないことに気づいて焦ったり、週末をつぶして働く羽目になったり、あるいは翌週に遅れをもち越したりするのを防ぐことができる。次の章で説明する、生産性の波を意識する方法を理解しておくと、タイプの異なる作業をスケジュールのどこに配置すれば効果的かが把握しやすくなる。

ウィークリー・リストには、日々のテーマとなる項目を書き出すセクションもある。すでに述べたように、これは長期的に、そして週単位の短期でも、エネルギーと作業負荷を管理するのに役立つ。たとえば、毎晩夕食を自分でつくっているとしよう。「今日の献立は何にしよう?」と毎日考えるのは面倒だ。だが、「月曜は肉なし、火曜はイタリアン、水曜はスープ、木曜は新しいレシピに挑戦……」のような曜日ごとのテーマがあったらどうだろう。夕食づくりの計画や実行がかなり簡単になり、一方で新しいレシピを試す機会も増え、さらに、3日続けてイタリアンだった、という事態にもならない(そう悪いことでもないかもしれないが)。

同様に、仕事でも曜日ごとにテーマを設定すると、毎週すべての優先事項に目を向けられるし、特定の何かを数週間にわたってチェックし忘れるという事態も防げる。たとえば、「木曜は事務作業と経費精算の日」「金曜はクライアントのフォローアップの日」といった具合だ。毎週、ウィークリー・リストを作成するときに、テーマの設定をなるべく同じにすることで、パターン化が進む。すでにその曜日におこなっていることをベースにテーマを設定するのもいい。たとえば、毎週月曜にチームの全体ミーティングがあるのなら、月曜のテーマを「人材管理」とし、全体ミーティングのあとにメンバーとの個別ミーティングを予定することが考えられる。また、メイン・リストのカテゴリに基づいてテーマを設定することもある。出張など新たに生じた約束によってテーマが変わることもあるが、全体としてこうした一貫性を設けることで、特定の日に不意に空き時間ができたときに何に取り組めばいいかがすぐにわかるようになる。

ウィークリー・リストは、メイン・リストのなかから今週できることを指定し、いつやるかを決める場所である。会議後、今週中に終わらせなければならないアクション項目を受け取り、今日中にはできないとわかっている場合には、ウィークリー・リストに追加する必要がある。またウィークリー・リストには、瞑想《めいそう》や運動などの習慣をつけるための場所もある。さらに、毎日のデイリー・リストの作成を促進する役割ももつ。

デイリー・リスト

デイリー・リストはすべてを具体的に落とし込んだものだ。とくに、「いつ（取り組むか）」を前面に出し、毎日チェックする頼りになる場所だ。グーグルで一緒だった人のなかには、デイリー・リストのシートをラミネート加工し、毎晩ホワイトボードマーカーで記入している人がいた。ホワイトボードそのものを大きなデイリー・リストのテンプレートに変えた人もいる。

多くの人は、デジタル化してコンピューター上で更新するのを好む。どのようなやり方であっても、デイリー・リストは細かいことを記録し、より多くのことを成し遂げるために必要な個々の作業や会議等を示すものであるのは同じだ。

最初のセクションには、絶対的な最優先事項を明記する。その日に必ずやらなければならない用件は何か？　それが完了するまでは、ほかのことは気を散らす存在に等しい。ただし私たちには、エネルギーをあまり消費しないからという理由で、小さくて「易しい」ものから始めようとする傾向がある。だが、『カエルを食べてしまえ！』のなかでブライアン・トレーシーは、可能であれば最も困難で最も重要な仕事を最初に実行することの利点について書いている。[*7] そうすることで、その日の残りの時間に達成感を味わうことができ、「まだあれが終わっていない」という重圧のなかで行動せずに済む。私が近所にある気持ちのいい丘のあたりを散歩するとき、左から行くと丘はルートの始まりにあり、右から行くと丘は最後のほうに来る。右から行くときはいつも、このあとに乗り越えなければならない高い丘があることを、頭のどこかでずっと考えている。左から行って早い時点で丘を乗り越えてしまえば、すぐに達成感を味わい、残りの散歩を楽しむことができる。

「その他の優先事項」の項目は、ウィークリー・リストから移す。自分または他者に、その日にやると約束したことは何か？　その日のテーマに合うのは何か？　デイリー・リストをつくるのが負担に感じるのなら、「明日から1カ月間、休暇をとりなさい。さもなければ休暇の権

デイリー・リスト

今日の最優先事項

プロジェクトの企画案を完成させる

今日の「ありがとう」

姉が夕食に来てくれる！

その他の優先事項

- □ 2025年度の予算について ハブナに返答
- □ 子どもたちの冬服
- □ 来週のコーチング・セッション準備
- □
- □
- □
- □

時間ごとのプラン

7:00	ローラ30＆朝食の準備
8:00	学校へ送る／通勤／メール仕分け
9:00	プロジェクト企画案仕上げ
10:00	プロジェクト企画案仕上げ
11:00	メール返信／コーチング・セッションのリクエストフォームをレビュー
12:00	ランチ＆散歩
13:00	会議
14:00	会議
15:00	2025年度予算についてハブナに送信／メールフォルダーのチェック
16:00	会議／メールフォルダーの再チェック
17:00	帰宅／夕食の準備
18:00	夕食＆子どもたちとの時間
19:00	子どもの冬服を整理

小さなTo Do

- ドッグフード追加注文
- ペンキの色について業者に電話

マインドフルな時間

- 作業時にいったんメールを閉じた ●
- 30分間静かに過ごした ○
- 野山ウォーキング ○
- ○

明日の優先事項

利を失う」と誰かに言われたところを想像してほしい。出発前の今日のうちに必ず終わらせたいことはなんだろうか。ここを出発点にしよう。

午前中に会議があり、その日に完了する必要のあるアクションが自分に割り当てられた場合には、すぐにデイリー・リストの「その他の優先事項」に追加する。最も重要なことは、この「その他の優先事項」のすべての項目が、すぐ右側の「時間ごとのプラン」にもあることだ。「時間ごとのプラン」にはほかに、通勤や運動、会議、メールのチェックと処理（メールについては第16章で詳しく扱う）、その他の約束事などが含まれる。「時間ごとのプラン」は、1日の流れのリハーサルだと考えよう。紙のリスト（繰り返すが私はこれが好きだ。書き留めると定着度が高まる）、またはデジタルのカレンダー上で押さえることができる。予定どおりに行かない日もあるだろうが、プランがなかったら、絶対に予定どおりには行かないだろう。

また、いくつかの小さなＴｏＤｏを入れられるスペースもあっていい。5分以内でおこなえる小さなＴｏＤｏや、より大きな仕事の小さな区切り、その日に発生した、その日中に完了する必要のあるものは、スケジュール外の空き時間に実行することができる。早朝、マンションの管理人に急いで電話しなければならないことに気づいたら、すぐに「小さなＴｏＤｏ」に追加しておく。その後、会議が早く終わったときなどに、その欄をすぐ確認して管理人に電話をかける。仕事のどれかが予想より早く終わった？　それなら、その余った時間で、必要な品を手早くオンラインで注文しよう。「小さなＴｏＤｏ」欄をすぐに利用できるようにしておくことで、1日のすべての時間が有効に活用され、「次に何をすればいいんだっけ？」と考える時間を無駄にせずに済む。

毎日の最後にすることは、未完了の項目を翌日にもち越すか、完了した項目をウィークリー・リストから消すことだ。このステップは非常に重要で、ある日に何かをすると約束したのに、達成できないままリストから失われる事態を防ぐ。逆三角形の上位リストから項目を完全に削除するのは、それらが完全に完了したときのみであり、まだすべきことが残っている場合にはリストをレビューするときにそれを思い出すことができる。私は、翌日のデイリー・リストを前の晩に記入する（これがなぜ重要かについては第12章で詳しく説明する）。今日の「ありがとう」を書く欄を設けるのもいい。これは人生の視界を広げてくれると思う。その日1日のＴｏＤｏを進めながら、私はデイリー・リストの上部にあるこの欄にときどき目をやり、今日はうれしい出来事があることを思い出すのが好きだ。

その他のリスト

リストにはここまで触れてこなかった他の用途もある。これらは補助的なもので、ワークフローが異なるため、通常の逆三角形型のシステムの外に置く。

キャプチャー・リスト

リストをにらんでいたり、コンピューターのまえに座っていたりしているときにいいアイデアが浮かぶことはめったにない。ひらめくのは、シャワー中や通勤途中、犬の散歩中など、思いがけないときだ。序章に登場した「生産性の5つのC」のひとつに、「キャプチャー（捕捉）」があった。キャプチャー・リストは、記録によって、脳内で開いたループから閉じたループへと橋渡しするのに役立つ。メイン・リストのセクションに完全に分類できるまで、手元のものを一時的に保管するための駐車場や集積所として考えるといい。私たちはよく、「頭のなかにメモしておこう」とするが、それが多くなると、憶《おぼ》えておくべきことが増えすぎ、脳を圧迫してしまう。代わりに、紙かデジタルの本当のメモをつくろう。

キャプチャー・リストでとくにたいせつなふたつの特徴は、どこからでも簡単にアクセスできること（通常はスマートフォンとコンピューター上で）と、音声入力機能を使用して項目を追加できることだ。キャプチャー・リストは、その人が考えたことの寄せ集めであり、のちに分類が必要になるすべてのタイプのアクションが含まれる。「来週のジュリエットの欠席について学校に電話する」「プレゼン資料の表紙を差し替える」「ベランダ用の新しい電球を買う」など、自分がやりたかったり、やらなければいけなかったりすることのランダムな考えであり、いまの時点ではすべて同じ場所に記録する。ひとつの脳にひとつのキャプチャー・リストが対応する。その後、毎週メイン・リストを取り出して書き直す際に、キャプチャー・リストを参照してそのなかの項目をメイン・リストの適切な部分に移す（リスト間移動の進め方についてはこのあと説明する）。

私がいままでに見たなかで最高のキャプチャー・リストの使い方は、グーグルのグローバル・マーケティング担当シニア・バイスプレジデントのロレイン・トゥーヒルによるものだ。彼女は、グーグル・キープを活用して、創造的にインスピレーションを与えるものをなんでもキャプチャーする。広告や写真、引用、自発的にやりたいと考えたことなど、目についたり思いついたりしたものをけっして逃さない。心に浮かんだらすぐに、キャプチャー・リストに居場所を与える。これが、将来のビジョンと実行のための参照点となり、最近インスピレーションを受けたものを収集して消化する場所として機能する。

コレクション・リスト

いつか手に入れたいものや行きたい場所、いつか読みたい本、いつか取り組んでみたい仕事、いつか旅してみたい土地などのリストは、必ずしも日常のＴｏＤｏの一部になるわけではない。ほかにも、習いたいピアノ曲、試したいレシピなどがこのコレクション・リストに入る。読書やピアノ練習などの時間をルーチン化する方法については第17章で詳しく取り上げるが、このタイプのリストはメイン・リストの外にあり、メイン・リストに追加して保持することもでき、メイン・リストと同様のサイクル（毎月）、または必要なとき（本を読み終えて新しい本がほしいとき）に参照される。

食料品リスト

必要な食料品をすべてメイン・リストの「買うもの」セクションに追加するのは少し面倒だ。代わりに、つねにアクセスできる場所に食料品リストを分けて置いておこう。理想的には、モバイル端末に保存され、コンピューターと同期され、配偶者／パートナー／ルームメイトと共有され、音声でも入力できることだ（最後の1個の卵を割って手が汚れているときにも声で「たまご」と追加できる）。毎週食料品店に行くまえに、デジタルのリストを見て、買う品を店舗の区画ごと（青果、乳製品、肉、魚、穀物、冷凍食品、菓子、飲料、特設売り場）にメモに書き写してから写真を撮る！　また、突然店に立ち寄った場合でもスマートフォンで食料品リストを開いて、共有者が追加していたものをすばやく確認できる（私のウェブサイトに食料品リストのテンプレートも公開しているので、よかったら参照してみてほしい）。

リスト管理の進め方

リスト管理の優れたワークフローは、生産性を次のレベルに引き上げる。はじめにゼロからメイン・リストをつくるのには少し時間がかかるかもしれないが、その後は、リスト管理に要

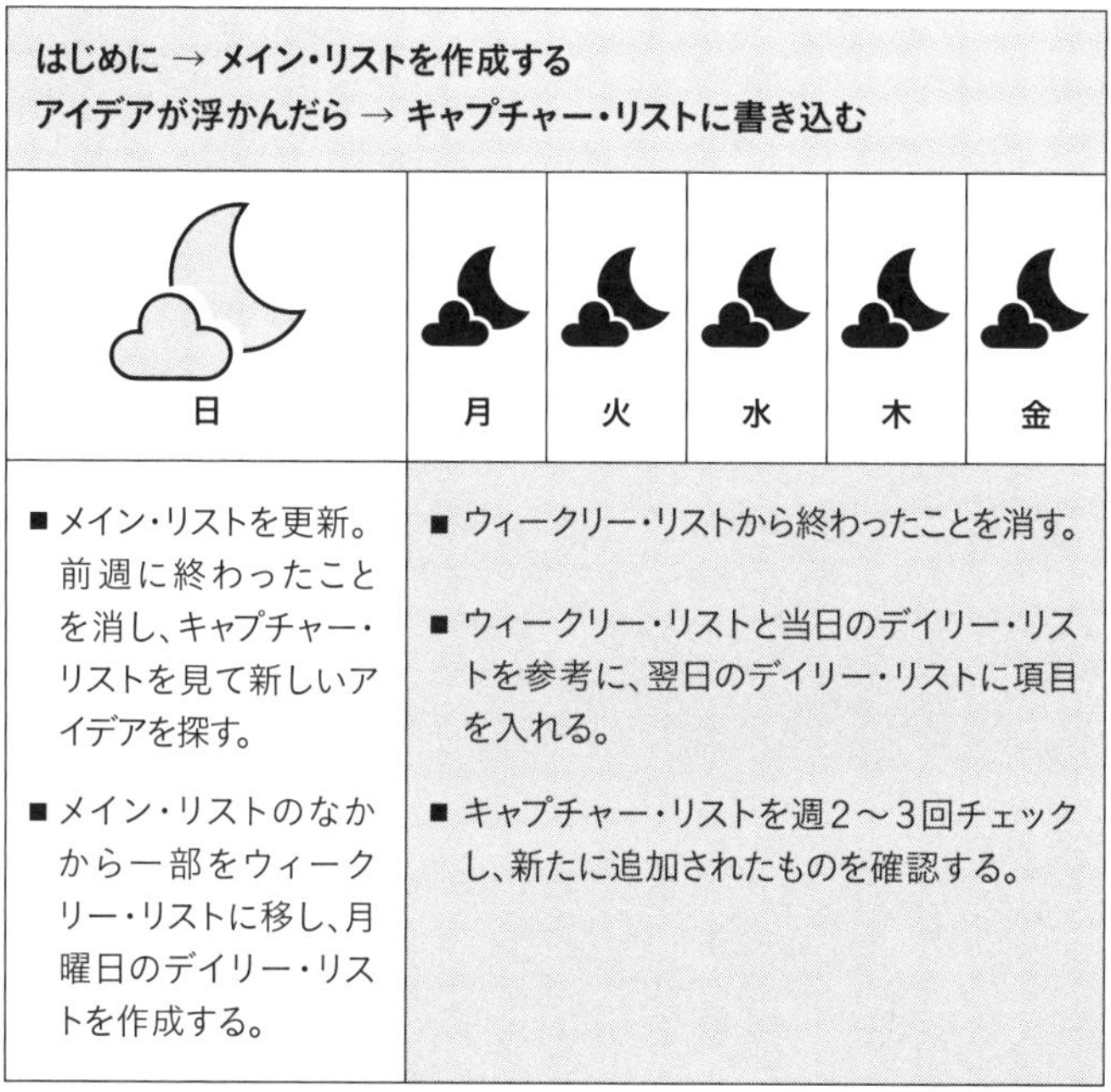

はじめに → **メイン・リストを作成する** アイデアが浮かんだら → **キャプチャー・リストに書き込む**	
 日	 月　火　水　木　金
■ メイン・リストを更新。前週に終わったことを消し、キャプチャー・リストを見て新しいアイデアを探す。 ■ メイン・リストのなかから一部をウィークリー・リストに移し、月曜日のデイリー・リストを作成する。	■ ウィークリー・リストから終わったことを消す。 ■ ウィークリー・リストと当日のデイリー・リストを参考に、翌日のデイリー・リストに項目を入れる。 ■ キャプチャー・リストを週2～3回チェックし、新たに追加されたものを確認する。

する時間は、1日に1回と週に1回の数分だけだ。上の図に、毎週の流れのイメージを示す。ほとんどの場合、メイン・リスト自体は、項目が増減しても一貫している。メイン・リストをデジタルで保持している場合には、毎週のレビュー時にチェックした項目を削除するだけで済む。紙のメイン・リストを保持している場合には、月に1回程度か、充分な数の項目が消去されたときに、新しく書き直せばいい。その後、毎週（日曜の夜か月曜の朝）、ウィー

クリー・リストとそれぞれのデイリー・リストを作成し、キャプチャー・リストから項目を引き出す。これらのワークフローの一つひとつは時間がかかるように思えるかもしれないが、実際には数分程度しかかからない。この作業をスケジュールに組み込めば、習慣となる。リストは単体でも使えるが、ワークフローをつうじてシステムとして機能させることができる。標準的なワークフローを築き、特定のサイクルでリストを必ず参照するようになれば、つねに「締切」を先回りして動けるため、ストレスをなくすことができる。もしメイン・リストに2カ月後に期限が来るプロジェクトがある場合、毎週メイン・リストを見るうちに、そのプロジェクト名をおそらく8回以上、目にすることになる。気づかないうちに期限が迫っていた、という事態に陥ることなく、「最後の瞬間」のまえにどこかで時間を確保するだろう。

抱えている「仕事量」によっては、キャプチャー・リストからメイン・リストに項目を移す頻度を増やす必要があるかもしれない。週に2、3回とか、次の日のためにデイリー・リストを作成するタイミングに合わせて毎晩となることもあるだろう。メイン・リストが目のまえにあるときに何かを思いついたら、キャプチャー・リストに追加する手間を省いて、直接メイン・リストに追加してもいい。また、その日にしなければならないことを思いついたら、そのままデイリー・リストに加えればいい（時間枠が空いていることを確認したうえで！）。

生産性を高めるにはリストを効果的に使うことがカギだ。アイデアが浮かんだらどこ（どのリスト）に記録するか、余った時間があったらどこを見るか、完了したこととしていないことをすべて把握するにはどこを見るかを理解しておく。これらをすべて解決するのが逆三角形型のＴｏＤｏリストだ。

課題や責任、ＴｏＤｏを、マクロからミクロに移行する複数のリストに整理することで、スケール感と優先度が明確になり、毎日と週のスケジュールをより効果的に管理できるようになる。使ううちに手間はどんどん少なくなり、習慣づいていく。リストづくりとリスト管理は生産性に不可欠な基盤だが、最大限の効果を得るには、リストの項目をそれに適した時間帯に割り振る必要がある。それをこのあとのパートで見ていこう。

実践：生産性を上げるメソッド

■するべきことや感じていることを整理し、いまのメイン・リストを作成する。
■ウィークリー・リストとデイリー・リストを使って1週間を計画し、実行する。
■リストにないアイデアや、開いたループを捕捉して記録するため、(アップルのメモやグーグル・キープなどの機能を使って）デバイス上にキャプチャー・リストを追加する。
■キッチンで手が汚れているときにも音声でアクセスできるデバイスに食料品リストを追加する。

PART 2

WHEN

いつ
その仕事を
実行するか？

第4章

自分の「ゾーン」の見つけ方

コーチングのクライアントのひとりは西海岸を本拠地とする広告部門のエグゼクティブだった。彼には西海岸に同僚がいて、ニューヨークにもチームをもっていた。エネルギーがいちばん高いのはいつかと尋ねると、「朝！　自分はまちがいなく朝型の人間です」との答えが返ってきた。そこで私が、「では戦略的な集中作業をおもに朝におこなっているのですね？」と続けると、「いや、朝は東海岸のチームとのミーティングがあるので、実際にはほとんどの仕事を、エネルギーの低い午後に回している」とのことだった。彼がなかなか生産的な自分を感じられずにいる理由がわかるだろう。集中して仕事をするための時間を割いてはいたが、エネルギーレベルの点ではそれはまちがった時間帯だった。

何をするかを計画するよりも、それをいつするかを計画するほうがさらに重要だ。誰のスケジュールにも、会議など自分ではコントロールできない時間帯があるが、自由に使える時間帯だからといってどれも同じ価値があるわけではない。特定の種類の仕事をおこなうのに自分にとっての最適な時間を知ることがたいせつだ。

カレンダー上の時間帯の価値はどれも同じではない。

私たちはみな、頭が冴《さ》えていてエネルギーがあふれているとき、つまりゾーンに入っているときと、そうでないときがあるのをなんとなく知っている。多くの人がリモートワークを始めたころ、通勤がなくなり、昼間の散歩や昼寝、あるいは仕事を早めにスタートしたり遅めにスタートしたりなどの自由度が増え、自身のエネルギーの流れを新しい視点で見ることができるようになった。

夜型の人もいれば、朝5時から元気に活動できる人もいる。それは身体リズムに組み込まれている。2016年に〈スリープ・リサーチ・ソサイエティ〉が実施し、オックスフォード大学出版局が発表した研究[*8]を含む最近の調査は、個人的な概日リズム（体内時計）は、おもに生物学的要因によって決まると示唆している。夫と私を見ても、行動パターンがまったく逆だ。私がクタクタになっているころ（たいてい午後2時あたり）が、夫にとっては運動にぴったりの時間で、私は朝6時に起きてその日の準備を始めるのが好きなので夜更かしはしないが、夫は夜の11時に資金管理について話したがる。こうしたリズムは子どもたちにも乳幼児のころから現れていた。娘は夜はもう眠いからと言って本にあまり興味を示さないが、朝になると嬉々《きき》として読んだり、読んでもらったりする。昼食のころがいちばんクリエイティブな気分になるらしく、よく絵を描いている。このようなリズムはすでに私たちのなかに定着している。リズムを理解できれば、何かの行動のために確保する時間を、その行動にとっての最適な時間にすることができる。

生産性のパターンを見つける

コーチング・セッションの問診でエグゼクティブに最初に尋ねるのは、「もし明日1日、会議がなく、中断もされず、決まった約束もないが、やるべきことが大量にあるとしたら、どのように1日を構成しますか？」というものだ。この問いはその人の最も生産的な時間がいつかを知るためのよい出発点となる。ある人は次のように答える。朝9時に起きて、メールをチェックしたり業界ニュースを追ったりしてゆっくりとスタートし、散歩をして遅めの昼食をとり、そして夜7時か8時までは仕事に集中する。場合によってはさらに遅くから始めて真夜中までかかることもあるだろう、と。別の人は、朝5時にスタート、正午に運動し、午後2時から4時までが休憩、エネルギー切れになる夜のまえに軽くメールをチェックする、と言うかもしれない。2週間、デスクのそばにメモ帳を置いて、生産的だと感じたときの条件を書き留めておこう。私の生産性パターン——つまりエネルギーが満ちていると感じる状態（フロー状態）のパターンは、次のようになる。

■午前8時から午後1時のあいだ（午前中か早めの午後）
■部屋に誰もいないとき
■コーヒーを飲んでから2時間以内
■インストゥルメンタル音楽を聴いているとき（通常は映画音楽）
■満腹すぎない適度な食事をとったあと
■マルチタスクで気が散りやすいダブルモニターではなく、ノートパソコンを使用しているとき

自分の調子がいいとき・悪いときを観察し、しばらくのあいだ記録を続けることで、パターンが見えてきて、エネルギーフローについての理解を深めることができる。

パワー・アワー

自分の一般的な生産性パターンがわかったら、できるだけ頻繁に理想的な状態を模倣するといい。これはまた、私が「パワー・アワー」と呼ぶ、1日のうちで最も生産性の高い2〜3時間を絞り込むのにも役立つ。とはいえ、生産性にはさまざまなとらえ方があるので、パワー・

アワーに関しての生産性は、集中して戦略的に取り組めている状態を指すことにする。この時間には優先順位トップスリーに関連した作業を充てるのが理想だ。パワー・アワーは、自分のエネルギーポイントが最も効果的に使われる時間帯だと考えるといい。「自分の力が存分に発揮できている」と感じる時間だ。あなた個人の生産性が最高に高まる最高の時間帯に、実りの乏しい会議に参加するのは本当に無駄だ。

ときには、パワー・アワーの一部に幹部会議や子どもの送り迎えなど外せない予定が入ることがある。それでOK！　ある程度はそうした時間を尊重しよう。週に1回から3回だけでも、あるいはパワー・アワー3時間のうち1時間だけでも自分の仕事のために確保できれば、仕事とToDoリストに対するコントロール感を大きく引き上げられるだろう。

章のはじめに登場した広告部門のエグゼクティブは、週に2日の午前中を集中作業だけに充てることに決めた。東海岸との会議はできるだけ残りの3日の午前に移した。生産性を感じる時間帯にふたつの大きな時間を確保でき、低いエネルギーしかない時間に仕事を押し込む必要がなくなったため、彼の週全体の生産性は30％向上したそうだ。ほかのクライアントからも「スケジュールのひとつの移動が、全体の生産性に大きなちがいをもたらした」という感想を多く聞いた。パワー・アワーを見つけ、優先順位トップスリーに充てられるようにスケジュールを少し動かすことで、大きな成果が得られる。コーチングした別のエグゼクティブは毎日正午に昼食をとっていた。彼女は自分のパワー・アワーが午前10時から午後1時だと気づいたので、昼食を遅めにとることにした。それまでは、正午から午後1時という最も生産的な時間の一部を毎日、昼食に使っていたのだ！

オフピーク・アワー

パワー・アワーの反対に位置するのが、1日に1～2時間の最もエネルギーの低い時間帯だ。私はこれを「オフピーク・アワー」と呼んでいる。「オフピーク」ということばを使うのは、業務時間外だからではなく、エネルギーレベルがピーク外にあるからだ。朝型の人のオフピーク・アワーはおそらく午後のどこかにあるだろうし、夕方近くになってからエネルギーが高まる人なら、朝8時にデイリー・リストをどんどん片づける準備はできていないだろう。エネルギーの低い時間帯をどう活用すればいいか？　コーヒーブレイクでの情報収集、経費精算書の提出、頭をあまり使わずに済む簡単なメールへの対応などに適している。

直感に反しているかもしれないが、エネルギーが低いときほどクリエイティブになりやすい。集中力が低下していて、脳が少し「ぼんやり」していると、より広い範囲のアイデアやつながりをうっすらと考えるからだ。アルビオン大学の心理学准教授マレイケ・ウィースの研究によると、午後の時間など、少々疲れていて頭が重く、集中力を保てない時間帯のほうが創造力が増すという。[*9] エネルギーの低い時間は、心があちこちにさまよえる散歩に適した時間ということもある。

自分の体内時計がほとんど生物学的に決まっているとしても、自分のしていることがうまくいっているかどうかを確認し、ある作業を実行するのに最適な時間帯についての仮説が正しいかどうかをときおり振り返ってみるべきだ。この本を書くにあたり、私は執筆作業をなるべくパワー・アワーに置きたかったので、その時間を毎日確保するところから始めた。だが数週間経つうちに、そうした高エネルギー時間は執筆そのものよりもむしろ、概要の作成、内容のレビュー、本についてのさまざまな決断を下すことのほうに適していることがわかった。それまでの自分の思い込みとは異なり、低いエネルギーのときのほうが、最もクリエイティブで、執筆の波に乗っていると感じたのだ。この気づきに基づいて私は、自分のスケジュールと執筆の時間帯を大きく変更することにした。

フローに乗って時間を最大化

毎日のパワー・アワーとオフピーク・アワーがわかっていると、時間をコントロールするのにおおいに役立つ。何かの行動のために確保する時間を、その行動にとっての最適な時間にできる。生み出す仕事の質を高め、エネルギーの調子がいい状態のときにすべきことに取り組めるようになる。「ぼくはいつこのタイプの仕事をやりたい気持ちになるだろうか？」と考え、そこに時間をつくるのだ。ヒント：何かを始めようとしてデスクに向かったのに、ううう……と唸《うな》っているのだったら、その時間はおそらく適していない。気分が乗らないことはしないでいい、と自分に許可を与えてかまわない（そもそも、逆三角形型のＴｏＤｏリストづくりをしてそれらを活用していれば、期日よりも前倒しで進んでいるはずだ）。自分に問いかけてみよう――この仕事にいま取り組むことは流れに逆らって漕《こ》いでいるような感じだろうか、それとも流れに乗って下るような感じだろうか。何かを始めるときに、流れに乗って楽にできると感じる時間が最適な時間だ。この問いかけが、その仕事をおこなうのに最適な時間かどうかを判断する方法となる。こういうことを知っていれば、1日のなかにエネルギーの低い時間帯があってもよいとわかり、その時間をエネルギーに合わせて使える。そして、最も効果的な時間帯に最大限に時間を活用することができる。

同様に、「ノッてきた」気分を活かすのもたいせつだ。たとえば、2時間を確保してあって、きっと疲れるだろうからとあらかじめ休憩時間を予定しておいても、実際にはまだエネルギーも意欲も残っているのなら、そのまま続けていい！　私は通常、週の中ほどに来ると疲れを感じるため、木曜を運動の休止日にしている。だがときには、木曜の朝に運動するエネルギーを感じることがあり、その場合には元の計画になかったとしても運動する。自分のふだんの生産性やエネルギーフローに合わせて計画することには大きな利点があるが、何かをしたいのかしたくないのかを再確認するのに最適なタイミングは「いま」だ。

ここまでの章で、自分の優先事項を認識して順位を設定し、それらを達成するために必要な作業を特定する方法を紹介した。冷たい印象を相手に与えずにノーと言う方法や、貴重な時間をいかに護るかについて、また、ワークフローを追跡するためのリスト作成の重要性や、1日のなかでどの時間帯がどのような作業に最適かを判断する方法についても述べてきた。では、これまで得た知識を、どのようにカレンダーにまとめればいいだろうか。次の章で見ていくとおり、あなたが思うより簡単だ。

実践：生産性を上げるメソッド

■2週間、デスクのそばにメモ帳を置く。ゾーンに入っている――すばらしく生産性の高い状態――と感じたときの条件を書き留めておく。再現できるようにパターンを見つける。

■そこから、1日のうちで最も集中できる2〜3時間――パワー・アワー――を突き止める。その時間はできるだけ、上位の優先事項に関連する業務のために確保する。

■オフピーク・アワーは、会議やブレインストーミング、情報共有、業界記事の閲覧、ルーチンの事務作業などに使う。

第5章

理想のカレンダーを目指して

財務部が翌年度の予算をまとめるときの方法に、「ゼロベース予算」と呼ばれるものがある。おおまかに言うと、昨年の予算や支出を参考にして次の予算を検討するのではなく、現在知っていることに基づいて、本当に必要なものは何かをゼロから問い直すものだ。この考え方は、保有効果――人はすでに保有しているもの（カレンダーになぞらえれば、すでに予定されている会議）のほうに、保有していないもの（まだ予定されておらず、これから招かれる会議）よりも高い価値を置くという心理学的傾向――を打ち消すために使える。私はこれと同じ原則を、「ゼロベースのクローゼット整理」に応用するのが好きだ。私のクローゼットが店だとして、今日買い物に行ったら、これらの服のどれを買うだろう？

ゼロベースは、いつもそうだったからという理由で何かを保持し続けるのをやめ、いま何が必要かという現実にフォーカスする。これは私が「ゼロベースのカレンダー作成」と呼ぶものの基本でもある。約束や会議、優先事項を新鮮な視点で見直した場合に、理想のカレンダーがどうなるのかを考える訓練になる。私がとくに気に入っているのは、誰かに完全に真っ白なカレンダーとマーカーを差し出したときのその人の反応を見ることだ。それはまったく新しいスタート、新たな船出のように感じられる。突然、自分が人生のデザイナーになったかのようだ（実際にそうなる！）。クライアントとのセッションでは、彼らが理想とする新たな週間カレンダーのテンプレートを一緒に作成した。自分では動かせない会議や約束はもちろんあるが、そのテンプレートを出発点として、理想のスケジュールづくりを目指してブレインストーミングを重ねる。自分のスケジュールの「構成要素」をまず特定してから、それに項目を追加していく。誰でも少数の簡単なステップで実行できる。

カレンダーの構成要素

具体的には、真っ白なカレンダーに次の順番で書き足していく。

1．動かすことができないもの（予算作成なら、支払わなければならない税金や固定費などに相当）

マネジャー主催のスタッフミーティング、子どもの送り迎え、日時を動かせないその他の任務・約束などが考えられる。

2．パワー・アワーと緊急用の枠

集中して作業する時間がほしいときには、パワー・アワー3時間のうち1時間だけでも、週のうち1日か2日だけでも、自分のための時間枠を確保する。パワー・アワー中に毎週確保できる時間があれば、それはどれも金塊だ。また、ある日のパワー・アワーが別の日よりもいいということにも気づくかもしれない。私の場合、パワー・アワーのなかでも金曜の午前9時から11時がいちばん強力だとわかっている。週末前に仕事を終わらせたいというモチベーションがあるので、毎週その時間帯を押さえ、最重要のプロジェクトや戦略的な仕事に充てている。第1章で取り上げたような、緊急対応のための枠を確保したい場合には、この段階で押さえる。

3. オフピーク・アワー

毎日繰り返されるもの（昼食後の散歩、メール、気分転換のための時間、業界ニュースを読むための朝の30分など、生産性のパターンを通して見つかった用事ならなんでも）や、単発のもの、週単位で反復されるものもある。たとえば、月曜の2時間のスタッフミーティング後には休憩が必要だとわかっているなら、あらかじめその時間を確保しておく。エネルギー低下は、1日のなかだけでなく、週のなかでも起こりうる。私は、木曜の朝は少し疲れや重苦しさを感じることがある。このような人は私だけではないようで、かつて10年間、バレエ・エクササイズを教えていたとき、参加者が最も少ないのは木曜だった。月曜から水曜まで懸命に働き、まだ週末に向けて踏ん張る時期でもなく、その日は運動する気分ではなかったのだろう。多くの人にとって木曜はちょっと力を抜く日だった。仕事でも同じだと思う。私もできるだけ木曜には、重要な面談や意思決定を下さなければならない会議、新規プロジェクトの開始、戦略的な議論の予定を入れないようにしている。家族のために毎日料理をつくっている人なら、木曜あたりになるとうんざりし、気が重くなるだろう。だったら、その晩は残り物やテイクアウトを並べればいい。娘は木曜の放課後に体操教室に通っていたが、エネルギーレベルが低く、あまり気乗りしていなかった。そこで私が月曜クラスに変更したところ、娘に目に見える変化が起こった。エネルギーレベルのパターンを知るだけで、結果に大きなちがいが出る。それを知って事前に計画を立てておくと、そのちがいはさらに大きくなる。

4. 制御ポイント

週のさまざまな計画を立てるために使う小さな時間のことだ。ウィークリー・リスト作成に充てる日曜夜や月曜朝の短い時間、あるいは翌日のデイリー・リスト作成に充てる1日の最後の10〜15分のようなかたちをとるだろう。マネジャー主催の2時間のスタッフミーティングと、別の会議が連続しておこなわれるとすると、ぐったりすることはわかりきっている。長い時間拘束されるから休憩が必要ということにせよ、会議後にすべき仕事が割り振られるからにせよ、どちらにしても会議後の30分は制御ポイントとして押さえておこう！　毎週そこに30分を確保することは、どこか別の場所に30分を押さえるよりも何倍も大きな利益がある。あるエグゼクティブにコーチングした際、月曜の朝に1時間程度、メールを仕分けしたり、ウィークリー・リストを作成したり、アシスタントと打ち合わせたりするための時間をとれなかった場合、週の効率が少なくとも20％低下するとわかった。すでに述べたように、営業職だったころの私は月曜は営業電話の準備、火曜から木曜は週次と単発の営業電話、金曜は営業活動のまとめとフォローアップに充てようとしていた。この枠組みを維持することで、準備不足のまま電話に出たり、フォローアップすべきことを忘れたりというようなミスを防げた。

5. その日のテーマ

ウィークリー・リストの箇所で触れたように、週全体を通して曜日ごとに大枠のテーマを決めておくと便利だ。ツリーハウス社の創業者ライアン・カーソン、スライブ・グローバル社のCEOでハフィントン・ポスト（現ハフポスト）の創業者アリアナ・ハフィントン、スポティファイ社の創業者兼CEOダニエル・エク、そしてX（元ツイッター）の共同創設者ジャック・ドーシーなど、多くのビジネスリーダーがこのメソッドを使っている。[*10] 毎日のテーマがあると、ひとつのトピックに入り込みやすくなるだけでなく、一方で、同じ日に異なる会議を詰め込んでは行ったり来たりするような、頻繁に仕事の種類や内容を切り替えなければならない状況を避けることができる。医師はよく、月曜は外来の診察、火曜は手術、金曜にフォローアップなど、日々にテーマをもたせている。学術誌『ジャーナル・オブ・エクスペリエンタル・サイコ

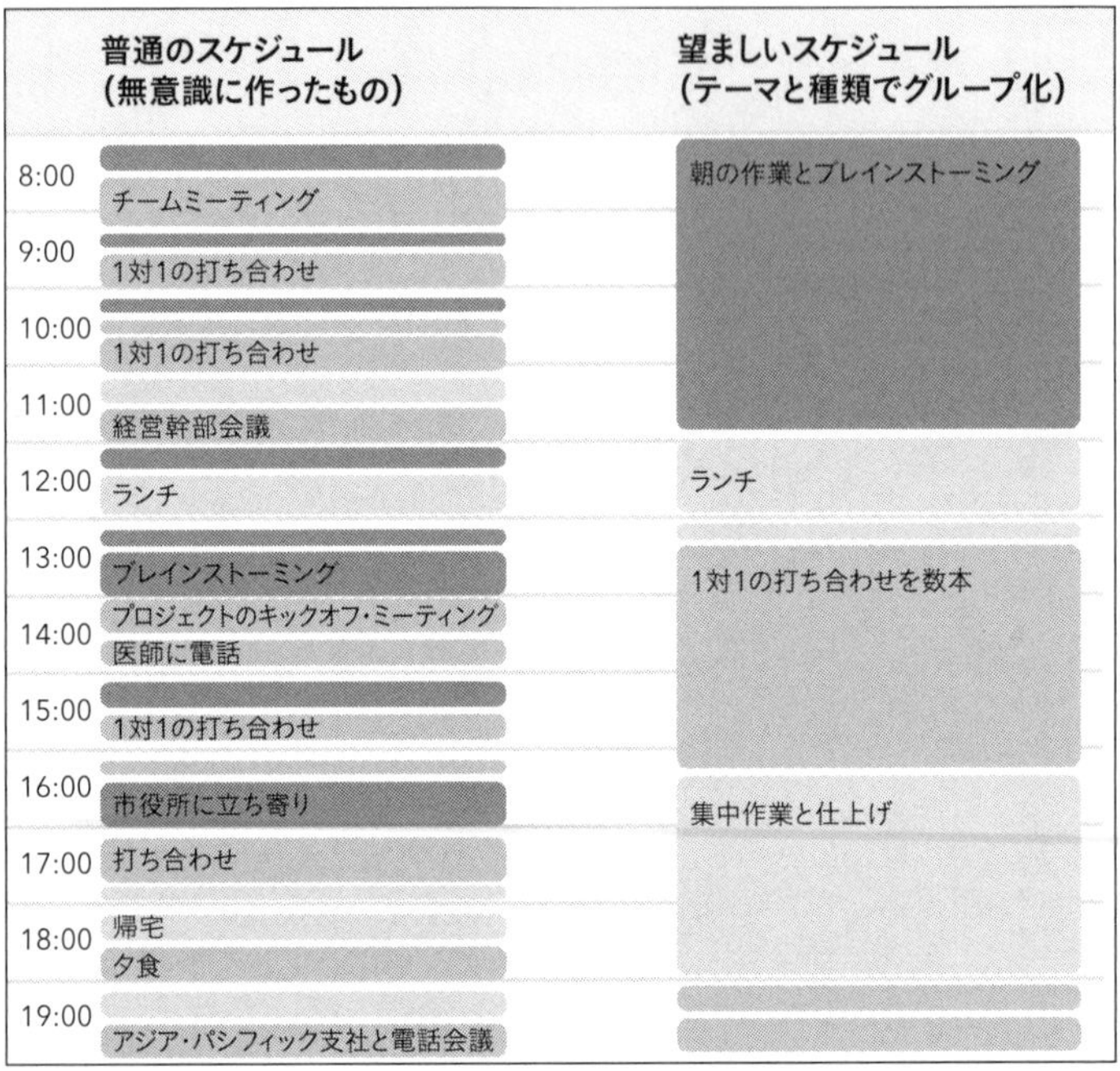

	普通のスケジュール（無意識に作ったもの）	望ましいスケジュール（テーマと種類でグループ化）
8:00	チームミーティング	朝の作業とブレインストーミング
9:00	1対1の打ち合わせ	
10:00	1対1の打ち合わせ	
11:00	経営幹部会議	
12:00	ランチ	ランチ
13:00	ブレインストーミング	1対1の打ち合わせを数本
14:00	プロジェクトのキックオフ・ミーティング / 医師に電話	
15:00	1対1の打ち合わせ	
16:00	市役所に立ち寄り	集中作業と仕上げ
17:00	打ち合わせ	
18:00	帰宅 / 夕食	
19:00	アジア・パシフィック支社と電話会議	

ロジー』に掲載された研究によると、頭のなかのギアを切り替えるとその分、時間とエネルギーが失われ、効率が低下するという。[*11] 場所をあちこち移動して1日を過ごしたあとには誰もが疲れるのと同じだ。

1日の（半日でもいい）テーマを宣言すると、まず長い時間そのテーマについて考えることができるため、理解が深まる（プロジェクト会議や誰かとの1対1の面談、個人で取り組む仕事、これらすべてが同じテーマで同じ日にこなせることのメリットを想像してほしい）。また、気にかけていたことを少なくとも週に一度はチェックするタイミングが巡ってくる。もし私が木曜を事務作業やメールのキャッチアップの日、または大きなプロジェクトの日や未来構想《ビジョニング》の日にすれば、それらに触れないまま１週間を過ごすことはなくなるというわけだ。木曜が事務作業の日なら、月曜から水曜までは手元の事務作業を安心して放っておける。また、日曜は買い物と食事の準備の日、月曜は洗濯の日、火曜は家周りプロジェクトの日など、プライベートなテーマを設定するのもいい。私はどの日にも仕事とプライベートのテーマを両方もっている。プライベートなテーマをもつことの別の利点は、洗濯などの継続的に発生する作業をＴｏＤｏリストのシステム内に組み込む必要がないことだ。つねにやらなければいけないことではあるが、やる日は決まっているのだから！　第17章では、月曜を洗濯の日にルーチン化する例を紹介する。

予定のない日の価値

会議や作業の時間を確保することはたいせつだが、たまにまったく予定のない日のあることはすばらしい。スケジュールに「会議ゼロデー」と書けるなら、ぜひそうしてほしい！　会議や約束がまったくない日は、午後2時から30分だけ会議がある日とはまったくちがう。たったひとつの短い約束でも、約束があるというだけで、それを中心に１日が流れる感じになってしまう。

ときおり、仕事の予定はあっても具体的な時刻を決めない日を自分に与えると、よい訓練になる。しなければならないことと、いつそれをするかの両方を完全にコントロールできるという感覚が得られ、生産性の自然なパターンに戻ることができる。

テンプレートを出発点に

これで、理想的な週の出発点となるカレンダーのテンプレートができた。集中して作業する時間をどこに入れるかが決まり、各日にどの仕事を含めるかもおおまかにわかっていて、集中力の低い時間帯のための余裕も確保した。これらの構成要素からなるテンプレートは、毎週の出発点となり、自身のエネルギーと集中力をＴｏＤｏと合致させることができる。ウィークリー・リストを見て、戦略的に何かに取り組み、仕上げる必要があることに気づいたら、すでにパワー・アワーがわかっているのでそこに当てはめられる。誰かから、コーヒーを飲みながらキャリアについて話したいので3週間以内のどこかで会えないかと訊かれたら、すでにそうした場面にぴったりの低エネルギーの時間がわかっているのでそこに当てはめられる。一方で、テンプレートがなく、「私のカレンダーの空きをどこか押さえて！」としか言えなかったら、コーヒーの約束をパワー・アワーに入れられたり、スタッフミーティングの直後の休憩するつもりだった30分に入れられたりするかもしれない。業務と会議のためのおおまかな時間枠はすばらしい土台であり、あとの細かい予定は週ごとに仕事量や他の要素を見たうえで配置することができる。

段階的な導入

ゼロベースのカレンダー作成は、
「いまの自分」のカレンダーを吹き飛ばすものではない。
「未来の自分」のためにカレンダーをととのえていると考えよう。

ここまで理想のカレンダーづくりについて読んできて、あなたはこう思うかもしれない。「理想はすばらしいけれど、自分のいまのカレンダーを丸ごと吹き飛ばして明日からまったく別のカレンダーで行動するなんて無理」、「私のスケジュールはそんなに自由にならないし、突然カレンダーに会議が表示されたり、約束が飛び込んできたりするから空けておかないといけないし！」と。また、複数の出席者がいる会議を入れられるのが、自分が別の目的のために取り分けておいた時間しかないという状況もたしかにあるだろう。だがその場合でも、会議を受け入れるかどうかについて、受け入れれば何をあきらめることになり、スケジュールのどこに影響が波及するのかを正確に理解したうえで、情報に基づいた決定をしたいと思うはずだ。カレンダーのテンプレートがあれば、週を通して他の目的のために確保した時間があると把握できているため、このような突発的な会議を受け入れる場合に、より穏やかに前向きな気持ちでおこなうことができる。

これを理想の1週間のおおまかな見取り図として考えよう。スケジュールが理想のテンプレートに完全に合致することはけっしてないが、テンプレートがなければ、理想と10％も合致しないだろう。理想のテンプレートに合わせたスケジュールが1、2日でもあれば、アップタイムにいる感覚をより頻繁に味わうことができる。

私はこれを、3カ月かけて移行したあとの姿だとイメージしているが、新年や新しいプロジェクトのような他の節目と同時に起こる場合もあるだろう。コントロールできる会議については徐々に動かし始め、低エネルギーの作業やパワー・アワーのために、少しずつ時間をブロックし始めよう。最初のブロックが数カ月先でもかまわない。そのおかげで高エネルギー／低エネルギーの時間を適切に使ったときや、自分の自然なフローに沿っているとき、あなたはどう感じるだろうか。自分のリズムと作業内容に合った時間帯に仕事をしたり、1日のテーマを決めたりすると、仕事の質がどれだけ向上するかを実感してほしい。

カレンダーのテンプレート実例（著者の場合）

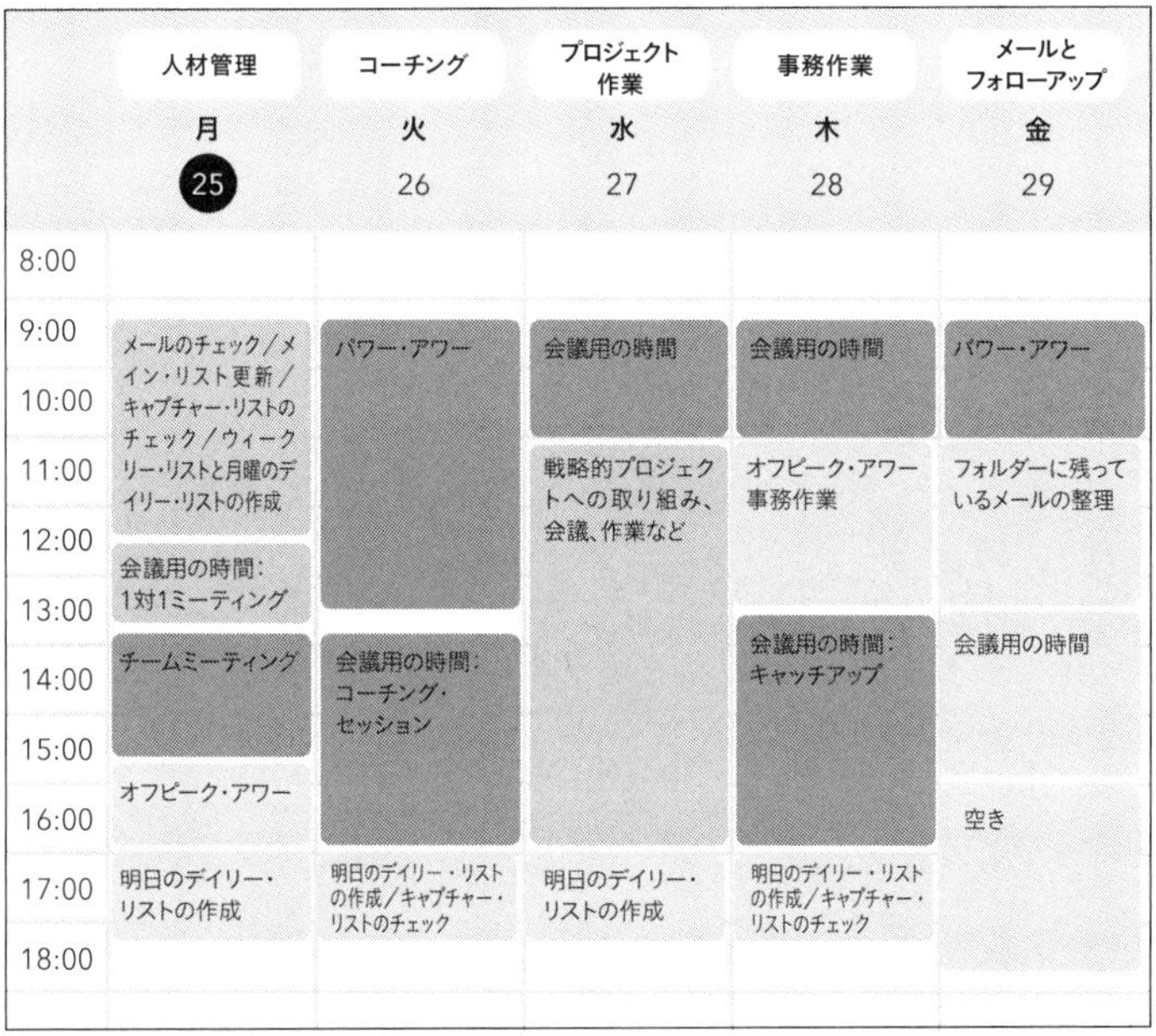

	人材管理	コーチング	プロジェクト作業	事務作業	メールとフォローアップ
	月 25	火 26	水 27	木 28	金 29
8:00					
9:00	メールのチェック／メイン・リスト更新／キャプチャー・リストのチェック／ウィークリー・リストと月曜のデイリー・リストの作成	パワー・アワー	会議用の時間	会議用の時間	パワー・アワー
10:00					
11:00			戦略的プロジェクトへの取り組み、会議、作業など	オフピーク・アワー 事務作業	フォルダーに残っているメールの整理
12:00	会議用の時間：1対1ミーティング				
13:00		会議用の時間：コーチング・セッション		会議用の時間：キャッチアップ	会議用の時間
14:00	チームミーティング				
15:00					
16:00	オフピーク・アワー				空き
17:00	明日のデイリー・リストの作成	明日のデイリー・リストの作成／キャプチャー・リストのチェック	明日のデイリー・リストの作成	明日のデイリー・リストの作成／キャプチャー・リストのチェック	
18:00					

売上目標がなければ、その数字に到達するのが困難であるように、テンプレートがなければ、理想のスケジュールに到達するのはむずかしい。低エネルギーの時間帯にハイ・インパクトのタスク（仕事や作業）を割り当て続け、自分の生産性がなぜ思うように上がらないのかをわかっていない人がいる。エネルギーには波があることを知るのが最初のステップであり、それに合わせて計画を立てることが週の過ごし方を根本的に変える。より理想的なス

ケジュールに移行するには、次の章で取り上げるように、自分の時間と責任をレビューし、いま何が起きているのかを確認することがだいじだ。

実践：生産性を上げるメソッド

■何も予定の入っていない1週間のカレンダーを印刷し、ブレインストーミングで次々にアイデアを出しながら、ゼロベースのカレンダー作成に取り組む。

■動かせない予定、パワー・アワーとオフピーク・アワー、整理やまとめの時間を書き入れる。

■1日（または半日）のテーマを決める。週のうち2、3日だけでもいい。

■現在のスケジュールを現実的に理想のカレンダーに近づける方法を考える。少しずつ合わせていくのでかまわない。

第6章

あなたの時間を仕分けする

コーチングをしたあるエグゼクティブ――ミシェルとしよう――は、ほぼ15年間グーグルにいた。多くの役割を担い、世界じゅうに拠点のある複数のチームを率いていた。彼女が私のところへ来たのは自分のカレンダーのなかに、じっくりと考え、大局的なビジョンを描くための時間を見つけるためだった。

最初に、彼女のアシスタントと一緒に時間レビューをおこなった。私たちは、定期的に発生するすべての約束や責任をリストアップし、それらに毎週平均してどれだけの時間が費やされているかをカレンダー上で分類した。結果を見たときの彼女の表情はいまでも忘れられない。まずショックを受け、しだいに興奮に移っていくのが感じられた。ミシェルが次々に口にすることばを、彼女のアシスタントは必死で書き留めていた。「まだ招待されたままだったのをすっかり忘れていた！」「完全にカットできる」「もう行かなくていいはず。以前のチームのときはこの委員会に参加していたけど、いまは関係ないから」「ほかの部下3人を合わせたよりも、彼ひとりと会っている時間のほうが長いの？」「いま思えば、このミーティングは1時間もいらない、30分に縮めましょう」「その人はもう私の仕事と関係なくなったから、月1回ではなく四半期に1回会えば充分」

何年も蓄積された期限切れの会議や約束、進捗確認が、子どもたちが巣立ったあとのクローゼットや屋根裏部屋を掃除するように、ついに片づけられ、整理された。突然、さまざまな種類の空きスペースができ、ほかの用途に再配分できるようになった。

第5章では、理想的な週間カレンダーのテンプレートを作成した。そのテンプレートを最大限に活用するには、いまの時間の配分がどうなっているかをよく見る必要がある。優先事項を考えたり、活動のタイプごとにマーカーで色分けして、自分が重要だと思うことに実際どれだけの時間を費やしているかを見たりするうちに、時間についておおまかなイメージをもったかもしれない。だが、具体的に情報を得ることがたいせつだ。「この人と隔週で会っている」とか「子どもの学校のクラス委員になって、毎週いくらかの時間を割いている」と言うのは簡単だが、実際にどれだけの時間を使っているか知っているだろうか。他の会議や約束と比較して、どのように積み重なっているか知っているだろうか。ひとつの場所にまとめて、データとして見なければ、すべてがあいまいなままだ。先ほどのエグゼクティブの例のように、すべてを一覧にすることでそれまで見えなかったことがくっきりと見え始める。それこそが時間仕分けの目的だ。

自分の時間はすべて自分がコントロールするとの意識をもって仕分けに臨む。

カレンダーを仕分けする方法

時間管理において、会議の数と長さは多くの人の関心事だが、すべての人がそのためだけにカレンダーを使っているわけではない。ここで、最も気にかけていることに基づいて、カレンダーを見直して分析するいくつかの視点を紹介する。

■集中と協働

時間のどれだけを集中作業に費やし、どれだけを他者との協働に費やしているか？　それは仕事に適した割合になっているか？

■「プッシュ」対「プル」

カレンダーのどのくらいの割合を自分が推進したいことややりたいことに費やし、どのくらいの割合を押しつけられた仕事に費やしているか？

■「個人時間」対「仕事時間」、または「仕事A」対「仕事B」

仕事のカレンダーがプライベートな時間に「漏れ出して」いないだろうか？　その逆は？　とくにフリーランスで仕事をしていたり、あちこちで異なる仕事に携わっていたり、9時5時ではない働き方をしているとしたら、時間がどのように積み上がっているか、またそのバランスが好ましい範囲に収まっているかを知ることがだいじだ。

■責務

カレンダーには表示されていないが、時間を吸い取っていく隠れた仕事に悩まされてはいないか？　課された業務がたくさんあり、それが会議への出席ばかりではない場合、それらをすべてリストアップし、おのおのに実際にはどれだけの時間をかけているかを調べ、比較して、どれを排除できるかを確認しよう。

■定例会議

自分にとって意義のなくなった会議に惰性で出席し続けていないだろうか？　出席する会議とその時間を決定できる立場の人にとっては、こうした会議を排除することが、カレンダーにずっと残ったままになっている不必要なものを整理する最も簡単な方法だ。「ゼロベース思考」で問い直してみよう。もし、今日、初めてその会議に招待されたとしたら、招待を受け入れ、毎週または毎月出席するだろうか？　動画配信サービスのサブスクリプションと同じで、会議にいったんサインアップすると、積極的に解約しないかぎり、永遠に続けていくことになる。

目的を失ったあともカレンダーに居座り続ける会議を見逃さない。

カレンダーからデータを収集する方法のひとつとして、定例会議の仕分けの例を紹介する（私のウェブサイトにこのテンプレートを公開している）。定期的に出席する会議やその時間を決定する権限はみなにあるわけではないが、仕分けがどのように機能するかを参考にしてほしい。

1．参加している定例会議、または定期的な約束をすべてスプレッドシートに列挙する。
カレンダーにある「毎週」「隔週」「毎月」「四半期ごと」などの単語を検索すると簡単に見つかる。

2．スプレッドシートに、その会議や約束に費やした時間や回数を示す列を追加する。
週1回2時間の会議と週1回30分の会議とでは、総時間や週平均時間が大きく異なる。どちらも頻度は「毎週」だが、総時間や週平均と結びつけると、本当の時間の使い方がわかる。

	A	B	C	D	E	F	G
1	会議	頻度	1回の時間	四半期あたりの回数	四半期の時間合計	週あたりの時間	調整後の確認：維持 or 元に戻すなど
2	幹部会議	毎週	120	13	1560	120	維持
3	ガリックとの1対1	週3	25	39	975	75	維持
4	運営委員会	毎週	60	13	780	60	議題によって判断
5	ナオミとの1対1	毎週	60	13	780	60	30分に短縮
6	マリックとの1対1	週2	25	26	650	50	週1に変更
7	LATAMの進捗確認	毎週	45	13	585	45	維持
8	プロダクト・レビュー	毎週	45	13	585	45	事前書類がなければキャンセル
9	GAPP+Velocity	隔週	60	7	420	32	45分に短縮

3. 期間を定め、そのあいだに出席した会議や約束の情報を入力する。

私は四半期ごとにしているが、年単位でも機能する。

4. 総時間の降順で並べ替え、何にいちばん多くの時間を費やしているか、その順位がどうなっているかを確認する。

5. 総時間の多いほうから順に内容を精査し、負担を軽くするための変更を提案できないか検討する。

カレンダーをこのように分解していくと、新たな発見があり、改善の余地があることがわかる。この作業を完了するのに20～30分ほどかかるかもしれないが、小さな変更を加えていくと、最終的には少なくとも同じくらいの時間が節約できる。

ミシェルとの最初のセッションから数カ月が経ったころに、私たちはフォローアップ・セッションを実施した。彼女は生き生きしていた。会議の頻度を調整したり、時間を15分短縮したり、重要ではなくなっていた会議をカットしたりすることで、週に約3時間を解放できていた。最初のセッション時の彼女が分刻みのスケジュールと闘っていたことを思えば、3時間というのはとても長い時間だ。重要なのは、カットするのが「理に適っていて自然」と思える時間を削っただけだということだ。ミシェルはリストを見て、費やしていた総時間をもとに合理的に決断した。私はただ、データとフレームワークを提供しただけだ。彼女はいまでは、新たに生まれた毎週3時間を思索と戦略構想に充てていて、最初のセッションにかけた30分から、年間ほぼ150時間を追加で手に入れることができた。

変更後の再検討

このような提案を聞くと、ためらう人もいる。「会う頻度を週イチから月イチに減らしたら、ジョンにどう思われるだろう……」。ノーと言う方法を取り上げた第2章でも触れたように、スケジュールに加える変更は永続的なものである必要はない——3カ月を目途にした試用期間と考えよう。委員会から抜けたけれど、その活動に戻りたくなったら、また手を挙げればいい。ジョンと会う頻度を減らしたためにメールのやり取りが増えすぎて困っているのなら、隔週で会えばいいのだ。仮説を試してみなければ、会議や約束の適切な頻度を知ることはできない。

時間をかけて徐々に変更を加えるやり方でもいいが、多くの人の話を聞くと、劇的な変化のほうがむしろ簡単だそうだ。年や四半期、年度の節目、仕事やチームが新しくなったタイミングなど自然な出発点があると、このようなリフレッシュを進めやすい。多くのエグゼクティブが、「私のスケジュールの一部を変えます！」とか「1月から、1対1の面談を月に1回ではなく隔週で開催します！」と関係者にメールを送信していると私に教えてくれた。このように周知するほうが、密《ひそ》かにまたは静かに変更して、それぞれの相手から個人的な問題として受け取られるよりも摩擦が少ないのだ。新しい自分、新しいスケジュール、そして自分の時間の管理者としての考え方をもち、それを伝えよう！　誰かが同じことをするきっかけになるかもしれない。

「振り返りと調整」のエクササイズ

フルで時間仕分けをするのがたいへんなら、私が多くのクライアントに提案している「振り返りと調整」を週ごとに試してみてほしい。これは、1週間を忙しく駆け回ったあと、ほとんどどの人がどれがよい時間の使い方で、どれがそうでなかったかを振り返る時間をとらない、という現実に基づいている。毎週この「脈拍確認《パルスチェック》」に数分かけると、次の週以降の予定を立てやすくなる。スケジュール管理を手伝ってくれるアシスタントや管理部門の担当者がいる場合には、一緒にこのエクササイズをおこなうことがたいせつで、それによって、彼らがこちらの回答に基づいてカレンダーの優先順位づけを判断できるようになる。彼らと一緒にエクササイズする回数が増えるごとに、こちらがどこに時間を費やすことに価値を置くかをより的確に推測できるようになる。「振り返りと調整」のときに自分に問いかける質問をいくつか示す（私は、日曜夜にウィークリー・リストをつくるときに、これをおこなっている）。

振り返り

■今週、時間を有効に使えたのはどの会議／活動か？　その理由は？

■今週、時間を有効に使えなかったのはどの会議／活動か？　その理由は？

■今週、もっと時間を使いたかったこと（会議／活動／その他）があるか？

■実施までに3回以上、スケジュール変更された会議／活動があるか？　もしそうなら、その会議／活動は本当に必要か？

■今週の会議／活動のなかに、システム化されたあなたのリスト類のどこにも記録されていないフォローアップ項目をもつものはあるか？

調整

■次週のスケジュールで、時間を有効に活用できないかもしれない予定はあるか？　もしそうなら、それを変更する手段はないか？

■次週のスケジュールで、「未来の自分」がエネルギー不足になったり、休憩したいと思ったりしそうなところはあるか？

■スケジュールに入っている会議／活動のなかに、自分が価値を提供することも価値を得ることもできなさそうなものはあるか？

これらのシンプルな問いの答えをスケジュールに反映させれば、時間を有効利用できるところは強化され、できないところは絞られていく。このエクササイズを頻繁におこなうことで、毎週どのように時間を使うかを意識的に考えられるようになる。

定期的な時間仕分け

カレンダー全体をフルで仕分けしなくても、どのように時間を過ごしているかに気づくことはできる。どんな会議にもどんな約束にも、このマインドセットを当てはめられる。たとえば私は読書が好きで、月に1回会合のある読書クラブにふたつ入っている。新しい家に引っ越したとき、隣人が近所の読書クラブに参加しないかと誘ってくれた。私は反射的に「喜んで！読書が大好きですから！」と答えそうになったが、すばやく時間仕分けをしてみた。3つの読書クラブに入り、1カ月に3冊の本を読む場合、1冊が平均350ページ、1時間あたりの平均読書速度が約50ページと仮定すると、読書時間が1冊あたり7時間必要になり（同じ分析がオーディオブックの時間にも適用できる）、週に2時間弱を追加で捻出できるかを真剣に考えなければならなかった。

同様に、定期的な会議や約束がそれほどなく、時間の使い方をすばやく簡単に見直したいだけなら、1年とか四半期のような広めの時間範囲を選び、優先順位トップスリーまたは重要な活動の時間配分を示す円グラフを作成する。もしあなたが誰かのカレンダーを管理している管理部門の担当者なら、そうしたグラフは、当人と共有して今後のスケジュール決定に役立てられる強力なデータとなる。グーグル・カレンダーのようなツールでは、イベントごとに指定した色で分けられ、時間の分析情報も出せるようになっている。時間のデータは、どんなデータも有益だ。現在の状況を把握し、何かに費やす時間が増えたり減ったりする変化に気づくことができる。

グーグル社およびアルファベット社のスンダー・ピチャイCEOは2〜3カ月ごとに時間仕分けをおこなっている。仕事のなかで時間をかけたい主要な分野を明確に把握しており、定期的にカレンダーを見返して、それらに時間を費やせているかどうかを確認する。もし予定から外れた部分があれば、立ち止まって、「自分が望む時間の使い方に戻るために、構造的に何ができるか」を考える。これを2〜3カ月ごとにおこない、時間の使い方が大きくずれることを防いでいる。

時間仕分けは、クローゼットの整理のようなものだと考えるといい。身体に合わなくなった服、流行遅れの服、二度と着ない服を処分すると気分もすっきりする。すでにもっているからという理由だけでそれに価値があると考える「保有効果」を克服するのだ。整理したあとは、好きな服がはっきりとわかり、買うのもクローゼットに入れるのも意識して臨むようになる。同様に、時間仕分けのあとには、第5章で作成した理想のカレンダーのテンプレートと、現在のスケジュールを照らし合わせる余裕が生まれる。「今日、店に行ったら、このシャツを買うだろうか？」というゼロベースの考え方をカレンダーに対しても当てはめよう。「この人物との新しい週次会議が今日から始まるとしたら、毎週1時間、時間を割きたいと思うだろうか？」「ボランティア委員会への招待メールを今日、受け取ったとしたら、私は承諾するだろうか？」

ここまでで提案したどの方法でも、あるいは、自分用にあつらえた手順を使っても、時間仕分けは、本来あるべき以上に時間を消費しているものを取り除くための優れたツールになる。

とはいえ、このように時間と労力を管理したとしても、ときには予定した時間内に物事を完了できないこともある。物事を先延ばしにし、それが再び浮上したときに、再度延期したりすることもあるだろう。誰もが覚えのあることだ。次の章では、このよくない習慣を克服する簡単な方法と、そもそもそうしたことが起こらないようにする方法について説明する。

実践：生産性を上げるメソッド

- 時間仕分けの考え方に沿って、自分のカレンダーを見直してみる。
- 30分以内の時間をかけて自分の時間をひとつずつ仕分けし、物事に費やした1週間の総時間や平均所要時間などを確認する。
- その結果に基づいて、必要があれば変更する。小さな変更でかまわない。
- 時間仕分けのあと一定時間が経ったら結果をチェックし、「これは正しい決定だったか？」を自問する。答えに応じて、必要があれば変更する。

第7章

最大の敵：「先延ばしグセ」

綿密な計画を立てても、同じことを何度もリストに追加した挙げ句、結局は実行されずに終わることがある。何日も、あるいは何週間も引きずられる項目を見たことのある人は多いだろう。たとえば、あなたが習得した何かを他者に教える研修プログラムを開発するとしよう。デイリー・リストとウィークリー・リストに載せ、時間を確保しているのだが、なんらかの理由で完了していない。身に覚えがある？　もしそうでも、自分を責めないでほしい。誰にでも起こることだから。この章では、そうした先延ばしを防ぐための戦術と戦略を紹介する。

適切な時間を割り出す

第4章で述べたように、すべての時間枠が等価とは限らない。研修プログラム開発のために毎日午後2時半から3時半までを確保しても、そこが1日のうちでエネルギーが最も低い時間帯だったら、その仕事に着手しないまま時間が過ぎるか、着手はしてもすばらしい成果は手に入らないだろう。何かの課題に取り掛かったときに、流れに逆らって漕いでいる気分になるのなら、それは適切な時間ではない。

リストに残っている項目を見て、自分に尋ねてみる。「理想的なのはいつで、自分がどんな気分のときだろう？　パワー・アワー中だろうか？　自分はその時間を確保しようとしているか？」

何かをしないいことを自分に許し、そこから学び、パターンを見つけてほしい。かつて私は、子どもたちが寝たあとに高エネルギーが必要な作業をするような計画を立てていたが、その時間が来てもそんな気分になれず、意欲が湧かなかった。夜の終わりには、脳にとってむずかしいことをこなすのに充分なエネルギーポイントが残っていなかったのだ。それを学んだいまは、その時間帯に何かをする予定は入れなくなり、1日の別のところに時間をつくっている。その課題に前向きに取り組める「未来の自分」に託すことを学ぼう。

> 先延ばしを克服するベストな方法は、
> 適切な時間に適切な仕事を割り当てることだ。

その日のテーマと合わせる

第3章で述べたように、その日のテーマをもつことには意義がある。テーマがあると、脳は特定の時間に特定のことをチェックする習慣ができ、「今日、何をすればいい？」ということをいちいち考えずに済む。曜日ごとにテーマを設けることで、そのテーマに関することを少なくとも週に一度は確認する機会ができ、関連する業務をおこなうのに最適なマインドセットが得られる。新しい研修プログラムを開発したければ、テーマに合った日にその作業をスケジュールする。「事務作業の日」や「セールス電話の日」に研修プログラムを構築しようとしても切り替えがむずかしく感じられるだろう。おそらく、構築しようとしているプログラムに関連したテーマの日があり、関係のある会議に出たり、関係のあるメールに返信したりするうちに、構築の準備がととのってきたと感じるはずだ。

先延ばししたくなる7つの属性

何かを先延ばしする理由を知るにはまず、その仕事のどの部分があなたを避けさせているのかを正確に把握しなければならない。「手に負えない気がする」「どこから手をつけていいかわからない」「始めるのに必要な情報がそろっていない」「時間がかかりそう」などが考えられる。研修プログラム構築の例では、過去にそうした経験がないことも理由のひとつかもしれない。

『*Solving the Procrastination Puzzle*（先延ばしパズルの解法）』[*12]の著者であるティモシー・A・ピッチェルは、先延ばししたくなる7つの属性を挙げている。[*13]

1. 退屈
2. イライラする
3. むずかしい
4. あいまい
5. 体系化されていない
6. 内的報酬がない（達成感がない）
7. 有意義でない

これらの属性を多くもつ課題ほど、私たちは精神的に抵抗し、避けようとする。当てはまる属性を特定できれば、よりよい前進の仕方を決めることができる。その例を表に示す。

何が自分に先延ばしさせているのかを突き止めることで、課題を再定義できる。なお、ひとつの課題に複数の先延ばし属性がある可能性がある。たとえば税金などの事務処理が「退屈」

課題	先延ばしの属性	逆転させる方法
毎月の経費精算	退屈	テレビを見ながら作業する
税金の申告	イライラする	税理士に相談する
本の執筆	むずかしい	「まず何をするか」をリサーチすること自体を課題にする
来年度に向けてのチーム準備	あいまい	準備ができたと思う状態を3つ書き出し、まずその1つに集中する
庭の整備	体系化されていない	惹かれる庭の写真を探し、何が好みなのかを考え、真似をする
ピアノのレッスン	内的報酬がない	好きな曲を動画で見て、やる気を高める
保険金請求書の提出	有意義でない	支払われた保険金の楽しい使い道を計画する

で「イライラし」、自分にとって「有意義でない」と感じるのであれば、テレビを見ながら必要な書類をととのえたり、税理士と契約したり、そして保険金を楽しいことに使う計画を立てたりするという対応策が考えられる。これら3つの変更を加えることで、目の前の課題に対する気持ちがかなり変わるはずだ。

先延ばしをすばやく克服する5つの戦術

先延ばしの理由を探ることは、成し遂げたい課題を完了させるために重要だが、先延ばししているすべてのことについて理由を特定する時間があるとは限らない。ときには、たんによくある回避行動にすぎないこともある。ここで、先延ばしが起こったらただちに切り抜けるためのヒントを5つ挙げておく。

1．スイスチーズ法で始める

課題の大きさを重荷に感じ、はじめの一歩をなかなか踏み出せないことがある。たとえば、私が毎日走ることを目標に掲げた場合、「朝6時に起きて5キロ走る」という課題は非常に大きいと感じられる。そこで、課題に穴を開けて分ける、いわゆる「スイスチーズ法」を当てはめて課題を小さくしていく。エネルギーをあまり使わずにスタートできる小さな塊になったら、それを実行するのだ。

■明日の朝、3キロなら走れる？　「無理かな」
■1・5キロなら？　「楽しい気がしない」
■朝6時に起きて散歩するだけなら？　「まだ寝ていたい」
■朝、目が覚めたらスニーカーを履くというのは？　「それだけでいいの？　じゃあやってみる！」

脳が心地よく感じる程度まで課題を小さくすることで、開始の心理的ハードルを低くした。アラームをセットし、目を覚まし、服を着替え、スニーカーを履くところまでいけば、おそらくベッドには戻らない。その格好になってからまた寝ることはまずないだろう。もしかしたら、私はこう言うかもしれない。「ちょっとあたりを歩いてこようかな。靴も履いたし」。歩き始めたら、それがジョギングになるかもしれない。ジョギングになったら5キロ走っているかもしれない。もし、はじめから5キロ走ることが課題だったら、ベッドから出なかっただろう。

研修プログラムの例では、「新しい研修プログラムを開発する」という課題を、「ドキュメントを開いて、表紙スライドを作成する」に小さくすることができる。表紙スライドを考えるのは楽しい。たった1枚のスライドだけ！　タイトルをあれこれ考えるのは創造性を刺激されるし、知的興奮が得られる。いったんその作業を始めると、もしかしたら2枚目以降のスライドの下書きに進むかもしれない。

デイリー・リストやウィークリー・リストには自分がやる気になるような書き方をしてほしい。そうしないと、紙を見つめるだけになってしまう。「おしゃれな表紙スライドをつくる!」という書き方と「新しい研修プログラム」という書き方ではそれを見たときの感じ方がちがう。ひとつ目は実行可能であり、かつ未来の自分もやりたいと思うものだが、ふたつ目はなんだかたいへんそうだ。

2. 自身のアシスタントのように行動する

先に述べたように、ある程度大きな課題では、始めること自体がいちばんむずかしいことがよくある。脳を楽にするひとつの方法は、何かをする準備と、実際の行動とを切り離すことだ。前者を「アシスタントである自分」に任せることで、先延ばしの障壁を崩すことができる。

以前、私はサンルームのテーブルに置いてあるプランターに色を塗りたいと思っていた。それは未加工の木材でできていて、私は白くしたかった。毎日3、4回そこを通りかかる機会があるのに、気になりながらも手をつけられずにいた。なぜやらないのか、自分でもイライラしていた。コーヒーカップを手にサンルームに行ったとき、ついにこう考えた。もし私がアシスタントで、明日のうちに上司にこれを終わらせてほしいと思ったら、どうやって後押しし、簡単に始められるようにお膳立てするだろうか？　そこで私はガレージからペンキとブラシとタオルをもってきて、プランターの隣に置いた。ただそれだけ。そして家のなかに戻った。次の日、サンルームに入ったらペンキ類が目に入った。「道具も全部ここにそろっているから、もうこのまま塗ってしまおう」。見事にうまくいった！

研修プログラムの例では、パワーポイントを開いて、テーマに合うようなテンプレートを見つけて開き、楽しいクリップアートを足したりしてから、コンピューターを閉じる。翌朝、コンピューターを起動したときには、スライド作成の地ならしができている！　私はいまでは、この戦術――「アシスタントである自分」をいったん介在させる――を仕事でも家庭でもあらゆる課題に活用している。もし、翌朝にマフィンをつくろうと思ったら、まえの晩のうちにマフィン型と材料をカウンターに出しておく。「明日の朝、具体的にどうするか」は考えない。代わりに、「アシスタントである自分」を雇い、上司としての自分（すなわち「未来の自分」）が仕事をしやすい環境をととのえさせるのだ。

3．区切りではないところで中断する

一気には終わらせられない大きな課題に継続的に取り組んでいるときには、メールの終わりとかプロジェクトのセクションの終わりなど、自然なところで区切りをつけることが理に適っているように感じられる。そのやり方だと、いったん席を離れ、翌日か翌週に戻ってきたとき

には、新しいセクションの冒頭から始めることになる。だが皮肉なことに、これでは脳がまた「新しい出発点」という荷の重い作業を乗り越えなければならない。逆に、自然な区切りではない、途中のどこかで止めると、次に取り掛かるときに何をするかがすでにわかっているため、再開しやすくなる。

たとえば、この本の執筆中、私は章の終わりではけっして止まらないようにしていた。次の執筆タイムでは真っ白なページを開いて新しい章から始めなければいけなくなるからだ。だから、章の途中で止めるか、章の終わりまで来たのならそこで止めずに、少なくとも次の章のタイトルや概要は書くようにした。そうすることで、簡単に再開して流れに戻ることができる。多段階を踏まなければならない大きなプロジェクトに従事している場合には、次にやることを脳が知っている段階で中断するようにしよう。メールの下書きを始めておけば、仕上げて送信する時間はなくても、次にその下書きを開いたときにすぐに続きから始め、メールを書く流れに戻ることができる。事前に会議の議題を送信したり、デイリー・リストをまえの晩に作成したりすることの利点と同様に、時間差があるあいだに考えを巡らせ、新しいアイデアや追加事項を思いつくかもしれない。

4. 時間を計る

気の進まない課題に対してやる気を出すには、時間がかかりそうという思い込みをはね除《の》ける必要がある。週ごとに同じ項目をＴｏＤｏリストに追加し続けているうちに、さっさと終わらせてリストから消すほうが、よほど時間の節約だったと気づいた経験はないだろうか。私がデイリー・リストに「小さなＴｏＤｏ」を提案する理由のひとつはここにある。5〜10分程度の短い時間で済むことがわかっていると、脳は「やりたくない」とためらうよりも、完了してしまおうという気になりやすいからだ。予想所要時間がわかるものは、デイリー・リストやそのＴｏＤｏリストに記入しておくといい。

（例）

■ルームメイト探しのウェブサイトに投稿する原稿の下書き——7分
■セールスのオンライン研修を受講する——22分
■きのうの業界記事を読む——9分

具体的な時間を割り当てることで、その時間があるときには課題から逃げにくくなる。たとえば、30分時間が空いて、オンライン研修をやりたくなくても、30分もかからないとわかっていたら、やらない言い訳がしづらい。生産性の大きな部分を占めるのは、何かにかかる時間をうまく見積もることであり、それが課題をより効果的に時間枠に割り当てるのに役立つ。時間の見積もりがあまり得意でないなら、物事にどれだけの時間がかかるかを意識的に記録し、見積もりの能力を磨いていこう。

時間を認識し、定量化し、コントロールするうえで役立つのは、定期的におこなう課題（できれば避けたいようなこと）にかかる時間を正確に計り、その時間を比較の単位として使うことだ。私のとくに嫌いな家事は、食洗機を空にすることと、キッチンの床の掃除だ。私はいつもその家事を脅威に感じたり、避けたりし、どうにも逃げられなくなると、波に逆らっていやいや向かっている気分になった。そこである日、食洗機を空にする時間をタイマーで計ってみた。4分だった。たったそれだけ。おそらく私は毎日、その家事から逃げる理由を探すのに4分以上かけていた。所要時間という新しい知識を得て、私は朝のルーチンを変えた。以前より4分早く1階に下りるようにした。まず食洗機の中身を空ける。朝のルーチンが4分増えただけだが、数値化したことで私のストレスは完全に解消された。こうしてマインドセットの転換に成功したあと、今度は1階のすべての床を掃除する時間を計ってみた。8分だった。それだけ。いまでは、週のどこかで8分の時間を見つけるようにしている。大好きなパスタの茹《ゆ》で時間は8分だ——床掃除にぴったりの時間。夫があと5分で家を出られると言ったら——結局10分になることをふたりとも知っている——床掃除にぴったりの時間。いまではゲーム感覚になっている。私がいやがって避けていたふたつの家事は、かかる時間を数値化したことですっかり改善された。

5．報告責任を負うためのミーティングを設定する

私たちは通常、自分よりも他者に対して責任を感じる。多くの人が運動仲間を探したり、読書量を増やすために読書クラブに参加したりするのはそのためだ。何かの期限を決めても自分しか知らないと、ほかの誰かに期待されているときよりも、期限を破る可能性が高くなる。一方、自分で決めた期限に関してミーティングを設定すると、他者を巻き込むことになり、その人からのプレッシャーを利用して物事を期限どおりに、またはそれより早く成し遂げることができる。

たとえば、先に挙げた新しい研修プログラムを開発する場合、着手するまえに、期限の時期に誰かをミーティングに招待しておく。「こんにちは、ドミニク。新しい研修プログラムについてフィードバックをいただきたく、30分の時間を設けました！　その2日前に資料を送りますのでお目通しください！」いまの時点では開発には着手すらしていないが、このミーティングがカレンダーに登録され、またドミニクがミーティングの招待を受け入れてその日を期待して待ってくれているので、それに間に合うように完成させる可能性がずっと高まった。自分にとって現実味が強まるのだ。

ひとりで取り組んでいる課題の場合にはとくに、相談やフィードバックをもらうためのミーティングを入れたり、誰かに成果物を送ると約束したりしてほしい。期日までにやり遂げるための強力な方法のひとつだ。

この章では、自分の意欲を消さないテクニックに加えて、先延ばしの理由を特定することが、先延ばしを克服するためのカギであると述べた。だが、生産性について考えるとき、「なぜ」と同様に、作業を「いつ」おこなうのか（あるいは、もっと重要なこととして、おこなわないか）もたいせつだ。先延ばし克服テクニックを使って、未完了の仕事を押し進めるのは有効だが、ダウンタイムにも重きを置き、何もしないことが長期的にはより多くを成し遂げうることも知っておきたい。次の章で見ていこう。

実践：生産性を上げるメソッド

■先延ばししている課題を見つけ、それに取り組むのには何曜日の「テーマ」との「時間帯」が適しているかを考える。それに従って作業をスケジュールに入れ込む。

■「先延ばししたくなる7つの属性」のうち、どれに当てはまるかを見きわめ、逆転させる。

■課題をできるだけ小さく分割し（スイスチーズ法）、完了までの予想時間も含めてＴｏＤｏリストに書き込む。

■自分を「未来の自分」のアシスタントとして雇い、課題を遂行するために必要な材料をととのえる。

■できれば避けたいと思っているが定期的に発生する作業を見つけ、それにかかる時間を計る。その知識を活用し、避けるのをやめて日常に組み込む。

■ひとりで取り組む課題を開始するまえに、フィードバック収集および報告責任を負うために誰かとのミーティングを設定しておく。

第8章

「ダウンタイム」でタイパを最大化

序章に登場した「生産性の5つのC」において、新しいループやアイデアはカーム（平穏）から始まる。落ち着いて脳を休ませることが新しいアイデアにつながるのだ。この穏やかな時間がダウンタイムで、「何もしない／休息する／脳をリラックスさせる」ことを意図的に選択した状態だ。これはあなたの生産性全体にとってきわめて重要である。

> アップタイムを最大化するには、
> ダウンタイムをたいせつにしなければならない。

生産性について大人数のグループで話をするとき私は、場にいる人たちに、目を閉じて、最もよいアイデアが浮かぶ場所をふたつ考え、書き留めてもらう。そして、そのなかに次に挙げる場所が入っているかどうかを尋ねる。結果はだいたい次のようになる。

■シャワー中（グループの約半数）
■通勤または運転中（グループの1／3～1／2）
■調理や、子どもの遊びの見守り、運動、犬の散歩など、仕事とは関係のない行動中（グループの約半数）
■連続会議の10回目あたり（無反応……誰も手を挙げない）
■メールに夢中になっているとき（無反応……）

この問いかけの結果は、静かな時間、ダウンタイム、自分だけの時間が、生産性においてとくに重要な瞬間であることを示唆している。かつてダウンタイムはアップタイムの対極にあるものだと考えられていたが、いまではどちらも全体的なパフォーマンスと幸福を得るためになくてはならないものだとわかっている。つまり、スケジュールに両方を含める必要があるのだ。こうしたダウンタイムの穏やかな時間が5つのCの次の段階である「クリエイト（創造）」につながる。スケジュールに落ち着いたスペースをつくることで、あなたに創造の力が生まれる。

なお、右の結果は、第3章で取り上げた、簡単にアクセスできるキャプチャー・リストの重要性も示している。シャワー中でも、調理中や犬の散歩中でもアイデアをすぐに記録できるように、音声で作動するホームデバイスやモバイル端末などを活用するのだ。落ち着いている瞬間に生まれたループをすぐに捕捉しないと、あとでそれを閉じたり実行したりすることはほぼ不可能になる。

創造性のための時間

創造性にはさまざまな意味があるが、仕事の場においては多くの場合、橋を架けることを意味する。これまでは結びつけたことのないふたつ（またはそれ以上）のアイデアを同時に考えることだ。ただし、活動的な脳（ToDoリストをパワフルにこなし、ループを閉じる脳）と、静かで内省的な脳（新しい創造的なアイデアを思いつき、ループを開く脳）を同時にオンにすることは事実上、不可能である。ふたりがトランシーバーを使っているようなもので、同時に声を出すことはできず、一方が話していたら、もう一方は聞く側にならなければならない。問題解決につながるアイデアを呼び起こして捕捉したいのなら、その日の会議をやめたり、大きなプロジェクトに取り組むのを中断したり、メールを読むのを休止したりしなければならない。何かについて考えることと、何かを思いつくことにはちがいがあり、後者を実現するには、創造的な思考に集中できるような環境や時間を確保する必要がある。

他人のスケジュールを見てこう思う人はいない——「もう少し考える時間とブレインストーミングの時間があったほうがいい」「ぼくと会うよりダウンタイムをとってアイデアを練っていたほうがいいだろう」「彼女は午後の散歩をしたいだろうから、昼食後のミーティングは予定に入れないでおこう」。こんなことは起こらない。ダウンタイムは自分でつくらなければならない。カレンダーに空き時間を増やすには？　自分で確保するのだ。

> カレンダーに空きスペースをつくることが、
> 頭のなかに空きスペースをつくることにつながる。
> 頭のなかにスペースを得たければ、カレンダーを優先的に空けなければならない。

ダウンタイムの意義

序章で述べたように、生産性は多くの場合、成果物の数や完了した業務の数で測られる。その日にどれだけ仕事を終えたか、リストのどれくらいをチェックできたか、項目のいくつを完了したか、またはいくつ会議に出席したか。だが、忙しさ自体が重要ではないのと同じように、忙しいからといってつねに生産的であるとは限らない。

あなたがマネジャーやチームリーダーなら、メンバーの成果を見るときに多角的な視点でとらえることを強く勧めたい。彼らが1日に何をするかが、発想力と実行力の唯一の指標ではないし、よい指標であるとも限らない。もしあなたが営業担当者に毎週、一定数のセールス電話をかけるように求めているのだとしたら、そして彼らの時間のほとんどがそのために費やされているとしたら、彼らにはそのセールス電話の新しいアプローチを考えたり、顧客向けの新しい戦略を構築したりするための、静かに振り返り、考える時間はあるだろうか？　営業成績を測る期間が週ではなく月単位だったら、いつどのように電話をかけるかは営業担当者に任せ、創造性を発揮できる余地を広げられるかもしれない。日ごとではなく、四半期単位で評価することを考えてみよう。1月から3月の四半期が新たな「9時5時」になる。また、社員が1年のどこかの期間で本当にリフレッシュできる休暇をとると、その年全体では彼らはより優秀な社員になる（休暇中はまったく仕事をしていないにもかかわらず）。一歩離れることで、仕事や生活で使うエネルギーを再充填することができる。

ダウンタイムは、スケジュールに何時間も確保したり、長期の休暇であったりする必要はない。静かに座るための3時間を確保したり、6カ月の休暇をとったりする必要もない。代わりに、1~2日の休暇、あるいは1日のうちのほんの20分の休憩など、小さなダウンタイムを意図的につくろう。そうすることで、取り入れた情報を処理し、考えをまとめることができる。シャワーを浴びる時間は通常10分にも満たないが、アイデアが生まれる場所としてつねに上位に挙げられる。ダウンタイムは、コンピューターや電話を使わない昼休みでもいいし、仕事帰りに散歩してリラックスするときでも、オフィスに行くまえの朝の運動でもいい。

静けさは金なり

> 睡眠中以外で、1日のうち少なくとも1時間は静かに過ごすべきだ。15分ずつの細切れでもいい。

　これらのダウンタイムのなかには、ほかの人と一緒にいる（同僚とのランチなど）ときもあるが、創造的思考が最も高まるのは通常、ひとりで静かにしているときだ。脳のアクティブな部分を必要としない行動（編み物、散歩、皿洗い、シャワー）をとることで、脳が自由にさまよう時間を確保できる。初めて出産したとき私は、「赤ちゃんモンテッソーリ」シリーズの、ジュンニファ・ウゾディケ&シモーン・デイヴィス共著『*The Montessori Baby: A Parent's Guide to Nurturing Your Baby with Love, Respect, and Understanding*（モンテッソーリ・ベビー：愛情・尊敬・理解に基づく育児を目指す親のためのガイド）』を読んだ。そこでは、赤ちゃんは新しい感覚や経験を処理するために、1日のうち少なくとも1時間程度の静かな覚醒時間をもつべきだと提唱されていた。[*14] その原則は大人にも当てはまると思う。私たちはダウンタイムの多くを、ポッドキャストやオーディオブック、ソーシャルメディア、ニュースなどのノイズで埋め尽くしている。それらにも意味はあるが、休みなく積み重なれば騒音になる。

多くの人は脳を「活性化／吸収モード」に保つ刺激をつねに見つけようとし、それらの新しい刺激を「受動／アイデア生成モード」に落ち着かせる時間を自分に与えない。あなたの脳を退屈させよう。これは自身の創造性（と精神的健康）のためにできる最善のことだ。カル・ニューポート著『大事なことに集中する――気が散るものだらけの世界で生産性を最大化する科学的方法』［ダイヤモンド社・2016年］の4つのルールのうち2番目は「退屈を受け入れる」である。2014年に発表された二重盲検試験[*15]の結果を含む多くの研究[*16]が、退屈な活動が創造性の向上につながることを示している。ポッドキャストを聴くより、30分の沈黙のほうに価値があることもある。

待つことで得られる価値

私はダウンタイムをハンドドリップ・コーヒーに喩《たと》えるのが好きだ。近所のコーヒー店に行って、大きめのタンクに入った、すぐに飲める既製のコーヒーを飲むのがいちばん手っ取り早い。まずくはないし、目的は果たせる。一方、ドリップコーヒーを注文して待つこともできる。湯がコーヒー粉に染み込むまでに少し時間はかかるが、味ははるかによく、豊かで、コクがあり、待つだけの価値がある。このコーヒーは、あなたのアイデアの生成やビジョン、創造性に似ている。大量の会議を次々にこなし、既製のコーヒーをするような、チープなモードを選ばないでほしい。スケジュールにダウンタイムを入れ、豊かでコクのある、力強いハンドドリップのようなアイデアが浮かぶのを待とう。それは価値のあることだ。

生産性をゴムバンドのように考えよう。最も速いスピードでまえに飛ばすには、いったんうしろに引っ張らなければならない。誰だって四六時中、最高速度で前進することはできない。私たちはみな週によってスケジュールが変わり、休息やダウンタイムの多い週と、より密度の濃い週がある。ループを開く週と閉じる週が交互に来ることから、私はこれを「干満のあるインターバル・ワーキング」と呼んでいる。ダウンタイムの週は、次の大きな週へ向けてアイデア、エネルギー、休息を与えてくれる時期だ。もし、少し余裕のある週があれば、それを楽しもう！

ダウンタイムを見きわめ、保護し、質を向上させるプロセスは、仕事と生産性の燃料となる創造性を維持するためにきわめて重要である。次の章で説明するとおり、今日《こんにち》では多くの人が毎日同じ場所で仕事をするわけではなく、同じ種類の仕事を毎日こなすわけでもないという事実によって、ダウンタイムの確保が複雑になってきた。ダイナミックでハイブリッドな仕事場では、ダウンタイムを見つけ、その時間を護ることがこれまで以上に重要になっている。

実践：生産性を上げるメソッド

■自分にこう問いかける。「私はいつ、どこでいいアイデアを思いついているのか？」そしてスケジュールを見てみる。そのような時間がどれだけ組み込まれているだろうか。

■自分が監督したり、一緒に働いたりしている人たちの成果をより大きな視点で見る。彼らは生産的な時間としてダウンタイムを使い、効果が出やすいように管理する自由をもっているだろうか。

■1日のうち1時間、静かな時間を見つける。まとまった時間がむずかしければ細切れの10分ずつでもいい。移動時間や空き時間があるとすぐにポッドキャストを聴いたり、スマートフォンを開いたりするのはやめる。その日に得た情報を脳に染み込ませるのだ。

PART

3

WHERE

どこで
その仕事を
するのが最良か？

第9章

ハイブリッドという働き方

勤務スケジュールが毎日同じだったころ――ほとんどの人がオフィスに出勤し、同じ場所で、ほぼ同じ時間働いていたころ――には、脳はさほど多くの調整をする必要がなかった。わかりやすいパターンができあがっているため、プライベートな時間と仕事の時間とを簡単に切り替えることができた。パンデミック中に在宅勤務が広がったことは大きな変化だったが、2～3週間もすれば、新しくはあるものの一貫したパターンとなり、私たちはそれになじんでいった。毎日、自宅で働くには、それまでの「ふつう」を配線し直す必要があったものの、いったん慣れてしまえば、脳も日々のルーチンも落ち着きを取り戻した。

一方、ハイブリッドワークはまったく新しいゲームだ。在宅勤務とオフィス勤務を併用し、スケジュールが週ごとに変わるような場合、これまでとはちがって脳にはまったく異なるふたつ（またはそれ以上）の環境、一定しないスケジュール、さらにはタイプの異なる業務のあいだでスムーズに切り替えられる能力が必要になる。ハイブリッドワークを、別個の仕事をしているように感じる人もいるだろう。だからこそ、チームメンバーとのスケジュール調整や特定の仕事をおこなう最適な場所の選定において、計画と意図がいっそう重要になる。これから述べるヒントは、ハイブリッドワーク、在宅勤務、オフィス勤務のどの場合にも役立つはずだ。

リモート派と出社派のカレンダーのちがい

パンデミックによって多くの人が在宅勤務に移行したとき、ふたつのグループが現れた。マラソンランナーとスプリンター（短距離ランナー）だ。

グループのひとつは、通勤や移動時間から不意に解放され、使える時間がいきなり増えた人たちだ。私は彼らをマラソンランナーと呼ぶ。彼らは、燃え尽き症候群が懸念されるほど、朝から晩まで同じ場所で働いた。

一方、スプリンターは従来より使える時間が減った人たちだ。リモートで学校の授業を受けている子どもが家にいたり、配偶者やルームメイトが同じように在宅勤務をしていたりする状況も少なくない。彼らは子どもの昼寝や食事の時間の合間にスパートをかけなければならず、同じ場所にじっと座っていられることはめったになかった。パンデミック中に私がこれらふたつのグループにおこなった助言はまったく異なっていた。

ハイブリッドワークへの移行が加速するのに伴い、さらにふたつのグループも出現した。リモート派と出社派で、前者は自宅での仕事が集中力を高めていると感じ、在宅勤務からハイブリッドワークへの移行をいやがった。後者は、外出先やオフィスでのほうが生産性の高い仕事ができると感じ、オフィスに戻れることを歓迎した。

> 自分が最も集中できる場所を認識することで、
> ベストな仕事を成し遂げるために
> 新しいルーチンや新しい場所を開拓することができる。

在宅勤務とオフィス勤務に関する自分自身の、そして同僚の考え方を把握できれば、みなのスケジュールと個人の作業空間を微調整し、全体の生産性を最大化することができる。そのときに参考になる項目を次ページのチャートにまとめた。

仕事場に合わせた調整

みながハイブリッド方式で働いているわけではない。完全在宅勤務の人もいれば、毎日オフィスに出社する人もいるだろう。なかには、本当はオフィスで働くのが好きなのに、リモートワークを命じられて、仕方なく自宅でフルタイム勤務をしている人もいる。私の夫（筋金入りの出社派）はこのところリモートワークが多くなったが、家では集中力を保つのがむずかしい

リモート派 （自宅のほうが集中できるタイプ）	出社派 （オフィスのほうが集中できるタイプ）
・リモート日に、中断されない大きな時間枠を確保する。 ・気の散る要因を仕事部屋からできるだけ減らす（電話を置かない、ヘッドフォンを使う、ドアを閉める、モニターの台数を増やす、など）。 ・集中力が最大になるようにリモート時のスケジュールを決める（昼間に運動時間を入れる、早朝から始める、午前中の勢いを保つために昼食は遅めにとる、など）。 ・リモート日を、次の出社日まで待てる雑事や不急のメール対応に費やさない。とくに深い集中力を必要とする大規模プロジェクトの仕事を優先する。 ・出社日は「散漫」になりがちと想定し、短い集中時間しかなくてもその日に完遂できる「小さな To Do」を用意する。 ・可能なかぎり、会議（オンライン含む）を出社日に回す。選択できるなら、会議（オンライン含む）が多く入った日を出社日にする。	・出社日に、集中できて邪魔の入りにくい、大きな時間枠を確保する。 ・気の散る要因をオフィスからできるだけ減らす（大きなヘッドフォンを使う、集中モードを周囲に知らせる、モニターの台数を増やす、必要に応じて別のオフィスや会議室を予約する、など）。 ・リモート日は「散漫」になりがちと想定し、短い集中時間しかなくてもその日に完遂できる「小さな To Do」を用意する。 ・出社日を、次のリモート日まで待てる雑事や不急のメール対応に費やさない。 ・可能なかぎり、会議をリモート日に回す（オフィスで対応できる会議だとしても、オフィス日には集中する時間を充てるため）。選択できるなら、会議の入っていない、集中時間を確保しやすい日を出社日にする。

と嘆く。彼の会社ではオフィス勤務が選択肢になかったが、それでも彼はなんとかして家の外で仕事をしようとした。コーヒーショップや、コワーキングスペース、ときには図書館で、オフィスに似せた環境をつくり出すようになった。起床したら、働くにふさわしい服を身に着け、その日の仕事場に向かうのだ。こうすることが彼にとっていちばん生産的だと感じられる方法だった。

　同様に、リモート派なのにフルタイムのオフィス勤務に戻らなければならない人は、在宅勤務の気に入っている雰囲気をオフィスにもち込む工夫をしてみよう。同僚と会話をせずに集中できるところが在宅の魅力だと思うのなら、ヘッドフォンを持参したり、専用スペースを確保したり、会議室を予約したりして、集中度を高めるように努める。柔軟にスケジュールを組めるところが在宅の魅力だと思うのなら、自分の自然なリズムについて、場合によっては毎日の出社時刻を一定させないことも含めてマネジャーと話し合ってみよう。あなたの置かれた状況がどうであれ、まずは自身がリモート派なのか出社派なのかを知ることがだいじで、それがわかれば、最も働きやすいと思える仕事環境をととのえやすくなる。

ハイブリッド環境での生産性最大化

　ハイブリッドなスケジュールでは、ひとりの仕事場が時間によってさまざまに変わる状況と、一緒に働く同僚の顔ぶれや仕事場（リモート、オフィス、それらの混合、対面、バーチャル）の組み合わせがさまざまに変わる状況がある。

後者の場合、チームとして高い生産性を維持しつつ協働するにはそれまでにはなかった課題が出てくる。私はコーチングの過程で、リーダーやチームが次のようなやり方を取り入れ、どこでどのように仕事を進めていても密な協力を維持している様子を何度も目撃してきた。

1．自分がどこにいるかを周知する

あたりまえに聞こえるかもしれないが、私がハイブリッドワークの初期段階でチームと協働していたときには、このことがつねに問題になっていた。きのうは別のオフィスで働き、今日は自宅で働く人が、居場所をカレンダーに明確に表示していなかったのだ。このようなことがあるとチーム内でのスケジュール管理がむずかしくなる。ひどいときには、誰がいつどこにいるのかをみなで調べまわる、職場版「ウォーリーを探せ！」をプレイしなければならなかった。だからこそ私は、自分の居場所をカレンダーに記入して、つねに最新の状態に保つように呼びかけている。個人的な予定、建物間の移動時間、その他の一時的に居場所不明の原因になる細かいことにも時間を割り当ててほしい。銀行取引明細にまちがいがないかを細かくチェックするのと同じように、カレンダーについても毎週細かくチェックし、更新を怠らないことが肝要だ。

2. 協働のルールを設定する

どこかに非効率な行動があると、やがて組織全体に広がって大きな問題となりかねない。チーム全体や組織全体が従う基本ルールを決めておくことで、ポジティブな効果が全体に行き渡り、コミュニケーションが円滑に進むようになる。私が見て効果があると感じた協働のルールの例を紹介する。

チームとして：

- アジアとアメリカの会議は可能なかぎり、火曜の夕方か水曜の午前中にスケジュールする。
- 水曜には全員が出社する。
- 金曜には会議を入れず、集中作業日とする。
- チャットを使うのは緊急時および当日の依頼のみとし、通常はメールを使用する。
- すべてのカレンダーイベントは全関係者によって変更可能とし、確認メールなしで簡単に移動や変更ができる。
- 週末にはメールを送信しない。

3. 仕事場の環境を均《なら》す

自宅から仕事に参加するときの特徴は、誰もが画面上で同じ大きさの四角形に縮められることだ。これにより、グループミーティングやチャットでの扱いが平等になり、大きな会議室のテーブルに座っているときには発言しなかったかもしれない人にも発言が促されることになる。オフィスにいる人、コンピューターを使っている人、自宅やその他のリモートの場所にいる人など、さまざまな場所で仕事をする人が混在している現在、このような均一性を保つ努力は重要だ。多くのオンライン会議のプラットフォームでは、会議室に物理的に存在する人でもコメントボックスや仮想ホワイトボードに参加できる機能を提供している。チームメンバーがオンライン会議の挙手機能をよく使うのであれば、対面での会議のときにも挙手を促すようにしてみよう。オンラインと対面の参加人数を比べたときの多いほうに属さない人にも「ジョシュ、どう思う?」のように意見を求め、全員の参加を促すように意識しよう。

4. 懇親のためのスペースを別個に設ける

パンデミック中、多くのチームがそうだったように、私のチームも同僚との仕事以外の交流がなくなったのを寂しく感じていた。だが、頻繁におこなわれる単発会議に懇親の時間を組み込むのは効率的でないとわかった。私がベスと会って週末の出来事について話し、その後、ベスとミシェルに会ってミシェルに週末の話をすると、ベスにとってはすでに聞いた話となる。気がつけば、それぞれの会議が繰り返しの話や近況報告で埋め尽くされ、重要な会議の時間が侵食されていた。

こうした事態を踏まえ、チームメンバーのビビアンが、週に1回の懇親のためのミーティングを立ち上げ、定例会として毎週水曜日に30分の時間を確保した。これがあるおかげで、何か集まりがあるたびに、日々の生活がどんな感じかや週末の出来事などを話したほうがいいのか話さないほうがいいのかと思案するプレッシャーから解放された。水曜日に懇親の場があるとわかっているので、他の会議は業務だけに使うことができ、会議時間が10〜15分短縮された。

とはいえ、近況をアップデートし合うためだけに会話を強いられる状況ほど気まずいものはないから、その会合を楽しく意義のあるものにするために毎回、議題を設定するようにした(私が関与するすべての会議には当然、議題が必要!)。毎週異なるテーマを掲げ、簡単な近況報告について全員が発言したあとは、そのテーマについて話した。いくつか例を紹介しよう。

■ペットを紹介し、1日の様子を話す。

■テレビの「お宅拝見」番組ふうに気に入りの部屋や一角を紹介する。

■セルフケア月間：週ごとにテーマを変え、メンタルや身体、魂、感情の健康のためのヒントを共有する。

■スーパーマーケット商品月間：トレーダー・ジョーズやコストコ、ターゲットなど、週ごとにスーパーマーケットをひとつ決め、愛用のストアオリジナル商品について語る。

■スキル伝授月間：週ごとに担当者を決め、裁縫やリースづくり、カクテルづくりなど得意なことを指導する。
■簡単レシピの日：30分以内でつくれるレシピをもち寄り、共有する。
■1分間で本の紹介：おもしろかったノンフィクション本の概要と、そこから学んだことを1分間ずつ全員が順番に話す。

このミーティングは人気を集め、有益でもあったため、多くのメンバーが対面で顔を合わせるようになったいまでも継続して開催している。毎週の簡単な情報共有会があると、リモートワーク中のメンバーも最新情報や同僚の近況を入手でき、疎外感を味わわずに済むうえ、通常の会議でいちいち社交的な話題に触れる必要がなくなり、さらには、自然発生的な協働や仕事に関するアイデアの生まれる場としても機能している。毎週30分間の軽い交流は、毎回の会議で最初の10分間を無理に懇親の時間にするよりも、はるかに時間の節約になっている。

5．非同時性を受け入れる

もはや全員が同じ時間に同じ場所にいるわけではないという事実のまえでは、ワークフローの再考が必要になるかもしれない。文書共同編集ツールやチャットなどのツールを使用する、受信者の勤務時間と彼らの所在地のタイムゾーンに合うようにメール送信時刻を調整する、異なるタイムゾーンの人も参加しやすいように全員参加の会議にはふたつのオプションを提示する、ブレインストーミングを仮想ホワイトボードに移して、各個人が都合のよい時間に意見を追加できるようにする（休憩所の雑談の代わりに）――これらはどれも、新しい働き方を受け入れる方法の例だ。

ハイブリッドはあらゆる意味で、これまでとはま、っ、た、く、異なる働き方だ。ゼロベース思考の立場から、私はよくクライアントに言っていた。「いまの職務から解放されたと想像してください。お疲れさまでした！　で、同じポジションに再雇用されたところ、部分的に在宅勤務が取り入れられていて、チームメンバーの物理的な勤務場所が広がっていたとしましょう。この新しい状況に置かれたいま、自分の役割を理解し、新しい視点でアプローチしていくにはどうすればいいかを考えてみてください。ハイブリッドというのは従来の働き方とは別物であり、それぐらい新規のものとして扱う必要があるのです」

ハイブリッドワークは多くの人にとってこれからも続くものであり、ここで概説した戦略やテクニックは、この状況に適応し、成果をあげるのに役立つだろう。だが、どれほど念入りに計画を立て、準備しようとも、身体の最重要パーツ――脳――は、そうした変化や不安定さに簡単には適応しないかもしれない。次の章では、適応を促す方法について説明しよう。

実践：生産性を上げるメソッド

■自身の仕事習慣を分析し、最も集中できる場所がどこかを考える。この章の表の内容を参考に、カレンダーと作業空間を調整する。

■これと同じ検討をチームメンバーにも実行してもらう。彼らの回答（およびあなた自身の観察）をもとに、ハイブリッドワークの成果を最大化できるように会議とコミュニケーションのルールを決める。

■チームメンバー間の交流をどこでどのようにおこなうかを決める。週1回ほどの頻度で、オンライン会議を設けたり、全員がオフィスにいるときに交流の機会を設けたりするとよいだろう。

第10章

次の時代の仕事場戦略

1歳の息子をハイチェアに座らせると、食べ物を用意するまえから彼は涎《よだれ》を垂らし始める。私がすばらしいシェフだからと思いたいのはやまやまだが、実際には、彼の脳がハイチェアと食べ物とを関連づけて学習し、一貫した身体的変化を唾液腺に引き起こしているにすぎない。

似た例として、執筆しているときにいつも同じ場所に座る作家や、集中したいときや眠りに落ちたいときにいつも同じクラシック音楽を流す人の話をよく聞く。一方、パンデミック初期のころには、多くの人が在宅での仕事に切り替えるのに苦労した。これらはすべて同じ理由による。「状態依存記憶」だ。

状態依存記憶とは、自分がそのときにしていることだけでなく、それ以外の多くの情報を脳が取り込んでいる現象を指す。場所や匂い、聞こえる音などを文脈の手がかりとして利用し、過去に考えたり行動したりしていたことと関連づける。同じ場所で同じ行動をするほうがスムーズに進むのだ。

この作用は記憶する能力にもかかわっている。1975年、深海ダイバーを対象にして記憶の定着実験がおこなわれた。[17] ダイバーたちをふたつのグループに分け、2音節語と3音節語の36個の単語リストを、ひとつのグループには陸上で、もうひとつのグループには水中で憶えるように指示した。さらに、憶えた単語を答えるまえに、水中グループの半分を陸上へ、陸上グループの半分を水中に移動させた。その結果、憶えた環境と同じ環境で思い出すグループのほうが、ちがう環境を強いられたグループよりも、はるかに高い正答率を示したのだった。

「集中スポット」で働く

脳が特定の場所と特定の作業とを結びつけているのであれば、その性質を自分に有利なように活かしたい。毎日、オフィスに出勤していたころ、仕事モードにすんなり入れたのはなぜだろう？　コンピューターを立ち上げる時点で、仕事モードを促す多くの条件がすでにととのっていたからだ——通勤路、自分のデスク、見慣れたオフィス、話しかけてくる同僚、気に入りのコーヒーマグ。これらすべてが、毎日の仕事と脳が結びつく合図だった。デスクの椅子に座るまえに、すでに「車輪に油が差されて」いた。だからこそオフィスでは仕事について考え始めるのが簡単であり、そうした合図のない自宅では多くの人にとって、すっと仕事に入るのがむずかしいのだ。

人間のこの性質を利用することで、特定の種類の仕事に適した「集中スポット」を物理的につくることができる。複数の場所でハイブリッドワークをおこなう場合でも、自宅あるいはオフィスなど毎日同じ場所で作業する場合でも可能だ。

> 仕事に合った場所を選べば、スムーズに取り掛かれる。

この「仕事／場所」の関連づけは、次のような感じで進む。

■経費の計算はいつも、オフィスの窓際にあるゆったりとした椅子でおこなう。
■在宅勤務の日には、自宅近くのコーヒーショップで製品設計資料を読む。
■朝の始まりには、ポーチに出てスマートフォンで業界ニュースを読む。
■デスクでコーヒーを飲みながら朝一番にメールに返信する。
■在宅勤務の日には、ダブルモニターを使ってコーディングの作業をする。
■書き物をするときはオフィスのドアを閉める。

これらのことをすでに第5章でととのえたカレンダーのテンプレートと組み合わせ、さらに、自分が集中しやすい場所の好みにも照らして、どの仕事をどこでおこなうかを選んでおこう。1日のテーマや、どの場所で何をするのかがだいたい定まったなら、次は実際に作業する具体的な場所を決める。毎回同じ場所にする必要はないが、決まった場所であればあるほど、その場所で特定の仕事に集中するための脳の切り替えが容易になる。

「ゆるスポット」で休む

息子を食卓のハイチェアに座らせて、本を読み聞かせたり、おもちゃで遊んだりしてしばらく過ごしたあと、食事をとらせないままハイチェアから抱きおろすと、彼の脳はその場所と食べ物との関連づけを弱める。「なんでぼくはここに座ってるんだっけ？」となり、やがて食べ物とハイチェアとのダイレクトな結びつきが失われてしまう。だから脳のためには特定の活動には特定の場所を充てることがたいせつで、くるくる替えてはいけない。

集中スポットをつくることと同じくらい重要なのは、特定の場所にいるときに特定のことを考えないようにするための「ゆるスポット」をつくることだ。その場所では、精神の安定を保ち、リラックスする能力を高めることができる。

自宅で仕事をしなければならなくなったとき、四六時中、仕事に囲まれているような感覚に陥った人は多かっただろう。パンデミック中、私はコーチングのクライアントに、仕事を自宅にいる来客と見なすようにとアドバイスした。招いていないのに義理の両親が自宅に来ていて、もしかしたら何日か滞在するかもしれない。そんなとき自分はどう対処するだろうか？　おそ

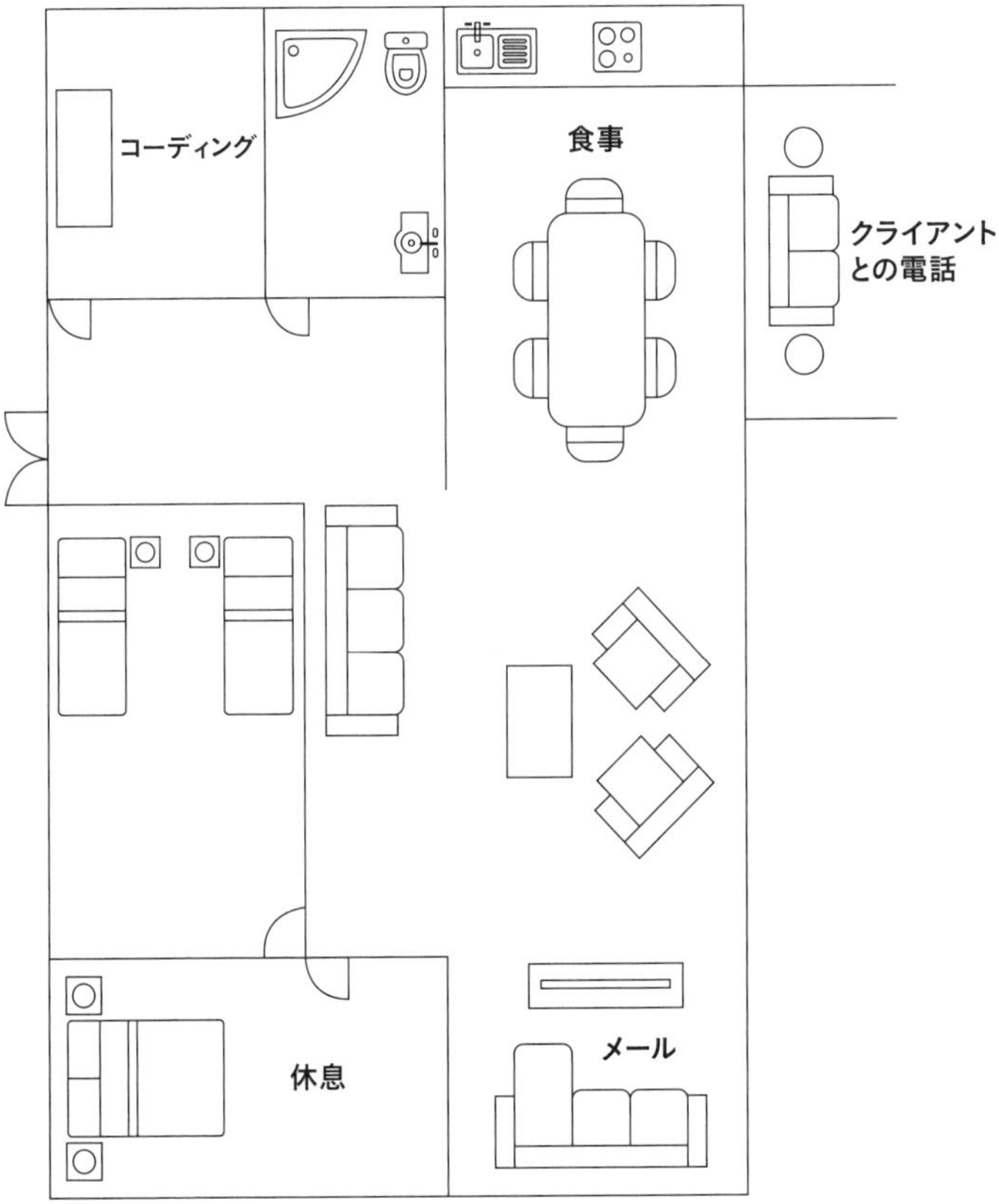
コーディング
食事
クライアント
との電話
休息
メール

らく彼らにスペースを与えて、自分たちとの境界を設けるはずだ。毎晩、遅くまで義家族と一緒に過ごしたり、朝6時に起きたあとすぐ彼らを寝室に招き入れたりなどけっしてしないだろう。ところが仕事となると、朝、目を覚ますと同時にメールを開き、就寝する間際まで働き、さらには枕元にスマートフォンを置く。

　私の父は、在宅勤務が一般的ではなかった１９９６年から自宅で仕事をしていた。だが自分の子ども時代を振り返ってみても、父が家族の共有スペースに仕事をもち込んでいた記憶はない。最近になって、どうやったらあれほど見事に境界線を引けたのかを尋ねてみた。父が在宅で仕事を始めた当時はほかに選択肢がなかったそうだ。Ｗｉ－Ｆｉなどあるはずもないから、イーサネットのコネクターに接続しなければならなかったし、コンピューターはデスクトップしかなかった。いまでは父はノートパソコンをもち運び、プール脇など家のなかの別の場所でメールを送受信することができるが、居間とキッチン周辺を家族と過ごす場所として決めたので、そこは父にとってけっして仕事の入り込まない場所（父の「ゆるスポット」）になった。

　夫と私が子どもたちとともに新しい家に引っ越したとき、主寝室の脇に使い方のわからない中途半端なスペースがあった。家族いっしょにくつろげるほど広くはなく、テーブルひとつしか置けないほど狭くもない。結局、１・５人掛け用のソファをそこに移し、膝掛け、本棚、コーヒーマシンを置くことにした。すぐにそこは子どもたちにとっての「居心地のいい部屋の隅《コージーコーナー》」になった。

このコージーコーナーは、子どもたちが起きるまえに私がコーヒーを楽しむ場所でもある（私見だが、こうした時間は子育ての黄金の鍵だ）。読書を楽しんだり静かに考えたりする場所であり、娘が起き抜けに好きな本をもって朝の挨拶をしにくる場所でもある。ここには時計は置かず、しなければならないことがあって時刻を知る必要があるときには、部屋の反対側に置いたスマートフォンにアラームをセットしておく。ノートパソコンをもってきて数通だけメールをチェックしようかな、とか、スマートフォンをもってきてSNSをスクロールしたいと思うことはよくあるが、その場所では我慢する。コージーコーナーのソファに座ったときに、仕事や気がかりなことなど、リラックスの邪魔になることはけっして考えない。そのコージーコーナーは、居心地のよさ、子どもたち、読書、リラックスと100%結びついているのだから、なぜそれをぶち壊さなければならない？　簡単にくつろいだ気分になれるからこそ、私はその場所が大好きなのだ。

人生には安全な場所が必要だが、残念ながら、いつでもデバイスにアクセスできるようになったことで、聖域が脅かされている。だから、邪魔の入らない聖域を意識してつくらなければならない。日常生活のなかで1箇所か2箇所、物理的な場所でもいいし、決まった時間帯でもいいが、ただリラックスするためだけの場所をつくろう。それは、電話をかけたりメールを読んだりせずに、ただオーディオブックや音楽を聴く（あるいは静寂を楽しむ！）だけの、通勤途中にある場所かもしれない。あるいは、自宅の居間や寝室かもしれない。けっしてストレス要因をもち込まないようにすれば、その場所でのリラックスやデジタルデトックスがどれほど楽にできるか実感できるはずだ。境界の線引きがあいまいになってしまったら、最初からやり直せばいい。その場所ではリラックスする以外のことは何も起こらないと脳を再訓練すればいい。

毎日に一貫性をつくり出す

第9章で述べたように、ハイブリッドワークでは慣れない場所でぶつ切りの仕事をしているような感覚になることがある。毎週ちがう場所に移動する仕事の場合には、集中スポットを設けたり、スケジュールを固定したりするのがむずかしいかもしれない。だが、どこで作業するかに関係なく、就業日に毎日おこなうことを見つけて当てはめると、場所の変化に脳を対応させやすくなる。

たとえば、オフィスに出勤する日の通勤時間が午前8時15分から9時で、そのあいだオーディオブックを聴いているとしたら、在宅勤務の日には同じ時間帯に散歩をしながらやはりオーディオブックを聴く。家では昼食後にいつも散歩をするのなら、オフィス日も同じようにする。オフィスではいつも午後にコーヒーを飲むのであれば、家でもラテをつくってみよう。毎朝、家でストレッチをするのであれば、出張先のホテルでも同じようにする。こうしたかたちのシグナルは、どこにいても流れを保ち、一貫して仕事モードに切り替えるのに有効だ。生産性の高い日にするための舞台を設定し、仕事へスムーズに入っていくことができる。

オフの日用としても、ゆっくり過ごすためのルーチンをつくり、脳に「今日はリラックスして楽しいことをする日」と知らせることができる。たとえば、毎週土曜日の朝にはパンケーキを焼くとか、週末には時間をかけてカプチーノマシンでコーヒーを淹《い》れるとか。子どものいる家庭であれば、週末ならではの楽しい習慣をつくることで、学校のある日とはちがう特別感を子どもに喜んでもらえるだろう。

仕事の流れを保つ「いつ」「どこで」

この本で説明するテクニック——日々のテーマを決め、会議をグループ化し、意図をもってデイリー・リストに書き込む——は、ハイブリッドワークの場合にいっそう重要性が増す。第5章で取り上げたカレンダーのテンプレートを丁寧に見直し、自身に問いかけてみよう。

■ハイブリッドな状況でも使えるスケジュールか？
■特定の曜日のテーマによっては、オフィスに出勤したほうがいい、つまり同僚と一緒に仕事をしたほうがいい、という日があるか？
■自分のパワー・アワーを考慮して通勤時間を調整したほうがいいだろうか？（たとえば、

自宅で朝7時から9時まで集中して仕事をしたあとで出勤するとか？）

どのタイプの仕事を、自分は具体的にどの場所で遂行したいかがわかってくると、ウィークリー・リストやデイリー・リストをより精密に作成できる。毎週、さまざまな場所を移動したり、同僚たちと複数の場所で作業したりする場合には、場所と仕事との関係について確信を深めることがいっそう重要となる。

集中スポット、ゆるスポット、タイプの似た作業のグループ化、事前計画は、ハイブリッドワークに脳を適応させ、充実したスケジュールを組むためのツールである。どこでどのように作業するのが自分にとってベストなのかを知り、どの場所で何をするかを固定することで、全体として高い生産性を達成する土台となるのだ。

実践：生産性を上げるメソッド

■とくに重要な仕事をする場所として、「集中スポット」を設定する。選択した場所とその仕事を関連づけるように脳をトレーニングする。

■仕事をしない場所として「ゆるスポット」を決める。そこではリラックスする以外のことはしない。

■仕事日の一貫したパターンをつくる。仕事場所がどこであろうとつねに実行するルーチンをいくつか決めておく。

■その日にどの場所で何をするのか、その日のテーマは何でグループ化はどうするのか、など、「ハイブリッド」の視点からスケジュールを見直す。場所を意識したスケジュールになっているか？　自分のエネルギーの流れに沿っているか？　これらを踏まえて調整する。

PART 4

HOW

どのように
その仕事を
遂行するか？

第11章

境界線を引く

さて、ここまでであなたは最重要の仕事を特定した。仕事を片づけるのに適した自身のパワー・アワーを見きわめた。仕事をハイブリッドの場所や具体的なスポットにどう振り分けるかも決めた。「何を」「いつ」「どこで」が定まったいま、いよいよ最後のピースは、それらを踏まえていかに期待どおり（あるいはそれ以上）の成果を出すか、ということだ。通常は、生産性にからめて効率を考えるのはこの段階に来てからだ。できるだけ精度の高い仕事をするにはどうすればいいいだろうか。

その大部分は、他者とどうかかわりながら仕事をするかにかかっている。誰もがひとりで働くわけではないから、自身の優先事項と時間配分の好みを他者と調和させるには計画が必要だ。多くの人は、次のふたつからどちらかを選んで自分がそのタイプにならなければならないと考えている。

A．事前に必ず議題を見せてと言う、招待されても会議に出席しないことがある、依頼や新プロジェクトへの参加を断るなど、「そういう人」と思われている人たち。

B．社交性があり、フレンドリーで接触しやすく、敬意に値すると思われている人たち。

だが、どちらかを選ぶ必要はない！　両方になることができる。時間をたいせつにし、その使い方をつねに意識しつつも、それと同時に、協働を促し、相互尊重を育むような、温かみのあるふるまいをすることができる。

以前、元同僚で友人のマークに、ふたりともたまたま訪れていたニューヨークのオフィスで出くわしたことがある。彼は言った。「やあ、久しぶり。ちょっとあとで話さない？　きみのカレンダーに時間を入れておくね。もちろん、前もってアジェンダを送るよ」

その瞬間、私は思った。「やった！」同じチームにいたときから何年も経っているのに、マークがまだ私と情報交換したいと思っていて、一緒に仕事をしたいと思っている事実は、ともに働くのに充分なフレンドリーさを私が備えていることを示していた。彼が私を支持してくれたことが、かつて私が昇進した理由のひとつだった。加えて彼は、私の仕事のスタイルや時間を有効に使うための高い基準も知っていた。私は、アジェンダがなければ会議を受け入れない人間として自分の「ブランド」を築いていた。彼がそのとき想定した私は、まさに私の望んだブランドどおりだった！　私は自分の境界を設定するのに成功していたのだ。

自分の周りに境界線を引くなんてできない、と考えている人もいるかもしれない。理由はおそらく、「自分の仕事に責任があるし」「いつでも誰からもコンタクトできるようにしておかないと」「キャリアのハシゴのいちばん下から仕事を始めたところだから」「受けられる仕事はなんでも受けないといけない」あたりだろう。たしかにこれらにも一理あるが、境界の設定は、ゆっくりと一歩ずつ進めるものだと考えてほしい。かつて、ある職に就いたばかりの女性のコーチングを担当したことがある。彼女から、前任者が夜も週末も休暇も返上して働いていたと知らされた。自分が来るまえにはそれが標準だったとしても、このような働き方は彼女にとって心地よいものではなかった。まったく異なるワークスタイルで新しい職務に飛び込むのは彼女にとってさぞつらいことだっただろう。そこで私たちは境界線を引く作業を段階的に進めることにした。

はじめのうち彼女は就業時間外でもメールや通知に対応していた。数週間後には、対応を1時間ほど遅らせ、家族との夕食が終わってから返信すると相手に伝え始めた。さらに日にちが経つと、翌日の就業時間内になってから返信するように変わった。初めての休暇中には毎日1回はメールをチェックしたが、その後は、休暇中は週に1~2回程度のチェックへと徐々に減らしていった。1年が経つころには、同僚たちから敬意を払われ、一緒に働けて楽しいと思われつつ、自分の役割に期待される仕事を彼女個人の境界に合わせて変えることに成功していた。翌年、彼女は昇進を果たした。おそらく、自分の役割に時間とエネルギーをうまく振り分けられるようになったことと、リラックスして仕事を忘れるダウンタイムを設けたことがよい影響をもたらしたのだろう。

あなたの知っている誰かがあなたとのあいだに境界を設定しているとしよう。あなたはむしろ、境界線があるがゆえに、その人に敬意を払うのではないだろうか。私個人の例だが、気に入っている写真スタジオのフォトグラファーから、家族写真を撮るのは火曜日と木曜日だけだと伝えられた。水曜日は編集作業に充て、週末はウェディングの撮影をおこなうそうだ。私の本音としては週末に家に来て写真を撮ってほしいのだが、彼女が設定しているスケジュールを尊重している。この自信とフレンドリーさは、彼女がプロであると同時に、自分の時間をたいせつに使おうとしていることを示している。いい写真を撮ってくれるのなら今後も彼女と契約するつもりだし、いつのどの時間でも撮影する人よりもいい写真を撮ってくれるにちがいない。このフォトグラファーの境界線は、本人をバランスのとれた状態にし、編集作業にもリフレッシュして臨めるようにしている。その結果、作品はよりよいものとなり、彼女は腕のいいフォトグラファーとして知られるようになり、限られたスケジュールにも喜んで合わせてくれる顧客をより多く呼び寄せるようになる。

私のコーチングの多くは、このバランスをどう保つかにフォーカスしている。これは簡単ではなく、とくに、新しい役職に就く人や、現状のスケジュールを軽くしたい人にとってはむずかしくなりがちだ。チームや同僚に協力的で、人当たりがよく、リクエストに応えられる自分でありつつ、他者の世界に取り込まれず、他者のＴｏＤｏリストが自分のＴｏＤｏリストよりも優先されるのを防ぐにはどうすればいいだろうか。慎重な線引きが必要だが、線を引く場所は必ずある。

あなたの3つの境界線は？

コーチングの際、「あなたの優先順位トップスリーは何か」のほかに、「自分自身のために引きたい3つの境界線は何か」も真っ先に質問する。この質問に対する反応を見れば、当人がそれまでこの問いについてどれだけ考えてきたかがすぐにわかる。自分で境界線を決めてきた人なのか、それとも考えたことすらなかった人なのか。私が経験してきたなかで、現実的かつ有効に機能していた境界の例をいくつか紹介しよう。

- ■すべての会議は午前8時から午後4時のあいだに入れる。
- ■毎日午後5時に退勤し、子どもを迎えに行く。
- ■毎日昼休みに犬の散歩をする。
- ■会議は月曜から木曜のあいだに入れ、金曜日は集中して取り組む仕事に充てる。
- ■四半期ごとに1週間、交流のための会議を集中的に開く。

境界線を引くとはいっても、絶対に踏み越えてはいけないということではなく、80％以上は護るように努めるということだ。境界にこだわってなるべく多くの時間を過ごせば、大きなちがいが生まれる。境界をリストアップして定義するだけでも、自分にとって何がいちばん重要か、また、時間とエネルギーに最大の投資対効果（ＲＯＩ）をもたらすものは何かを明確にできる。境界は人によってちがうので、それぞれが自身のために定義することがきわめて重要だ。

肯定表現の効果

バレエ・エクササイズを教えるようになるまえ、指導者になるためのトレーニングでは、マイクで何か言うときにはつねに肯定表現を使うようにと教えられた。生徒に「膝を曲げるのはやめて」と言うと、「膝を真《ま》っ直《す》ぐに伸ばして」と言うよりも、より多くのことを考えさせてしまう。肯定表現を使うことで、脳はそのときにすべきただひとつのことに集中できる。この方法はコーチングだけでなく、職場でのコミュニケーションや子育てまで、多くの場面で効果がある（「大声を出さないで！」ではなく「静かにしてね！」）。

境界線を引くことと人当たりのよさとの架け橋となるのは、適切なコミュニケーションだ。境界を他者に伝えるときのポイントは、肯定表現にある。左表に挙げる例はどれも「するこ

境界線を示す否定的な表現	境界線を示す肯定的な表現
金曜日は会議の予定を入れません。	会議の予定は月曜から木曜のあいだにお願いします。
平日にはテレビを見ません。	テレビは土曜日と日曜日に見ます。
勤務時間外のインスタントメッセージには対応しません。	インスタントメッセージには 7:00am ～ 5:00pm に対応します。
今週はキャリア相談は受けつけません。	キャリア相談は 毎月第 3 木曜日におこないます。
土日には家族写真の撮影を受けつけておりません。	家族写真の撮影は 火曜日か木曜日に承ります。
私は毎日 5:00pm に退勤します。	ご用件は 5:00pm 前にお知らせください。
現在は新規のクライアントを受けつけていません。	5 月以降に新規のクライアントを受けつける予定です。
〆切 24 時間前を過ぎてからの契約書チェックは受けつけません。	契約書チェックは 48 時間以内にお戻しします。
今週はこのトピックについてミーティングする時間がありません。	このトピックについて話せそうな時間を、オフィスで毎週金曜日に設けています。

と」と「しないこと」の対比を強調している。自身の境界線を他者に伝えるときにはつねにそのポイントに留意してほしい。

境界の中身は同じでも、肯定表現を使うと、はるかに印象がよく、前向きな雰囲気を与えられる。聞いた人は、立入禁止の場所を突きつけられるのではなく、あなたが何をできるか、何をする用意があるのかに集中することができる。

「私と仕事をするときのトリセツ」

自分の境界を決め、肯定的な表現での伝え方を設定したら、その状況が生じるたびに何度も言わなくて済むように周知しておく。効率のいい方法は、社員のプロフィールページやメールの署名欄、同僚の目につきやすい場所などにできるだけ掲げておくことだ。ワークフローのなかで頻繁に自分の境界を繰り返すのも効果がある。私は、意図のはっきりしないカレンダー招待を断ることがよくあり、その際には「議題のある会議にのみ出席します☺！」というメモをつける（スマイルマークを足すのは不機嫌だと思われたくないからだが、このあたりをどうするかは人それぞれのスタイルによる）。

> 広く知ってもらわないかぎり、境界を設けても意味はない。

エンジニアリング部門のシニア・バイスプレジデントのウルス・ヘルツルを含む、グーグルのリーダー数名は、ある種の「ユーザー・マニュアル」、言い換えると「私と仕事をするときのトリセツ」を広めてきた。ヘルツルはこのガイドで仕事のスタイルや会議の好み、意思決定を求められる際のやり方などを説明している。また、自身のプロフィールページのリンクとして公開し、頻繁に内容を更新している。これは他者と仕事をするときの接し方に当て推量を介在させないためのすばらしい方法だ。誰もが、いつどのような方法でのコミュニケーションが好ましいか（メール、インスタントメッセージ、ミーティング、電話）、そして現在の優先事項や境界線を示すことができる。

私がコーチングのクライアントとよく話すのは、忙しくなってくるとどこかに「プレッシャー」がかかるということだ。メールが来ていても気づくのが遅れると、自分のカレンダーに予定を追加されるかもしれない。カレンダーに空きスポットがなければ、返答や決断を求めてメッセージが送られてくる。好みのコミュニケーション方法を明確にし、はじめから公言しておく（たとえば、メールチェックは苦手だから口頭で5分間、手早く情報共有するほうがよい、など）ことで、「プレッシャーの拡散」を防ぐことができる！　私はメール処理は手早くこなせるが、カレンダーが過密になるとそれだけで圧倒されてしまうので、コミュニケーションの第一希望はメールにしている。仕事のスタイルとコミュニケーションの好みを公開し、チームメンバーと共有することは、組織で協力する仕事のよい出発点となる。

このような習慣があなたの職場では一般的でない場合は、直属の上司や最も関係の近いチームにだけ境界とスタイルの好みを伝達するなど、小さなところから始めるといい。四半期に一度のチームミーティングの際に、どうすればチームとしてもっと働きやすくなるかを話し合うと同時に、どうすれば各個人がもっと働きやすくなるかも話し合ってみよう。チームメンバーの好みを、「カイルはカレンダーに何かをスケジュールするまえにメールを送ってもらいたい」「マアヤンは会議と会議のあいだには、可能であれば30分の休憩を入れたい」のようなリストにまとめよう。何週間か経ったあとで、コミュニケーションやワークフローがどのように改善されたかを確認する。

同じエネルギーでより多くの成果を引き出すには

境界は現実的であるべきだが、同時に、自分が接しやすい人間であり、有意義な対話や協力をする用意があることを明確にしておくこともまた重要だ。対応可能な時間を設けようと努めた結果、非効率が生じるのはある程度仕方がない。それでも、あらかじめ気をつけておけば、より少ない時間でより多くのことに取り組み、より少ないエネルギーポイントでより多くの協働時間を確保することができる。工夫の例をいくつか紹介する。

1．オフィスアワー

定例ではなく、参加メンバーも毎回ちがう、しかも優先順位の高くない会議が頻発している場合には、週1回のオフィスアワーを設けてみよう。そして「プル」型（何かを質問されたり、何かに引っ張り込まれたりすること）の性質の強い仕事に充てる。オフィスアワーには自分のエネルギーの低い時間帯が適している。もし、優先順位の高い仕事とは関係ない人から会いたいと言われた場合――たとえば、キャリアについての助言がほしいと言われた場合――は、オフィスアワーを提示するといいだろう。最初はごく短い時間にする（おそらく10分程度）。こちらにチェックしてほしい資料があるのなら、その資料を前日か2日前までに渡してもらうとか、何かを決める必要がある場合には関係のある意思決定者にも同席を求めるなど、自分のオフィスアワーのルールを作成しておこう。また、いつでも自分と話せるオフィスアワーの存在を周囲の人に知らせておく。オフィスアワーを設定するだけで、自分と話せる時間のあることを――その時間が実際に使われるかは措いておいて――周囲に伝えられる。第1章で登場した、大学の研究室でのオフィスアワーと同様だ。

2．似た会議をまとめる

境界を護る別の方法は、繰り返しおこなわれる似たような会議をまとめることだ。私がコーチングしたあるエグゼクティブは、複数のエンジニアグループとそれぞれ個別に会議を開いていたが、結局のところ彼らからの質問は同じであることに気づいた。つまり、各グループのエンジニアにとってはグループを統括する本部長に質問に答えてもらう貴重な場だが、本部長当人にとっては週に3回同じ会議を開き、同じ質疑応答をしているのだった。本部長と私はこれらの会議を効率化する方法についてブレインストーミングし、最終的に3つの会議をひとつのエンジニアリングQ＆Aに統合し、3つのグループ全員が質問できるようにした。変更後には、多くのエンジニアが同じ疑問をもっていることがみなにわかり、より大きなグループで情報共有が進み、ブレインストーミングも活発になった。その結果、各グループのメンバーすべてに恩恵をもたらし、本部長自身のカレンダーの時間も解放することができた。あなたのカレンダーにも同じ考え方を適用できる。1対1の会議が多ければ、それらを2対1、4対1、あるいは多対1にまとめる方法がないかどうかを検討してみよう。たとえば、1、2名程度の例外を除けばほとんど同じ顔ぶれのグループの人たちと週に2回会っているのなら、会議を週に1回にまとめ、時間を15分延長してその最後のところだけに1、2名程度の参加者を追加することはできないだろうか？　自分の時間を最大限に活用する方法については戦略的に考える必要がある。

3．会議時間を短くする

メンバーと進捗確認しなければならないとき、当初思ったほどには時間が必要でなかったことはよくある。進捗確認は15分程度でかまわない。立ったままで短めに済ませるのもひとつの方法であり、この場合には発表者はより迅速に話を進めようとするはずだ。時間が足りないという感覚が工夫を生み、みなが協力して会議時間は短くなる。グーグルでよく見かける活動で私が気に入っているのは、「ライトニングトーク」というもので、発表者は1枚のスライドと3分の時間を使って聴衆に何かを教えたり、アイデアを売り込んだり、営業のプレゼンを練習したり、プロジェクトの最新情報を共有したりする。タイムキーパーが時間を計り、3分経ったら自動的に次のスライドが表示され、発表者はステージから追い出される。次のスライドが表示されたら聴衆は大きな拍手をするように指示されているので、発表者は自分の持ち時間が終わったとわかるのだ。3分という制限時間のなかで聴衆にインパクトを与えなければならないと事前に知っていると、驚くほど多くのことを伝えられる。発表者は話す内容からぜい肉を削《そ》ぎ落とし、1枚しかないスライドには最も重要な要素を厳選して簡潔かつ人の目を引くようにまとめる。インパクトを与えるチャンスは一度きりなので、彼らはそれを最大限に活用する。情報は簡潔で、余計な無駄話を聞かされないことがわかっているため、聴衆の集中度は高い。これは初期の『セサミストリート』が採用した、TV広告ふうのコーナー（数字や文字をコマーシャルのように売り込む）に似ている。大人も子どもも、長くて複雑な資料よりも、短くまとまった情報のほうが理解しやすい（会議を短くする方法については第13章で取り上げる）。

4.「これをしながら」

少ない時間を有効に使うには、もし可能なら、会議や業務をほかの誰か（ただし、集中力の妨げにならない人）やほかの何かと一緒におこなう方法もある。昼間にいつも散歩をしているのなら、ウォーキング・ミーティングとして誰かと一緒に歩き、情報を交換する。ランチをとるときには、進捗確認しなければならない相手と一緒にとる。子どものサッカーの練習中に車で待たなければいけない時間があったら、そのあいだに電話をかけることはできないだろうか？やらなければならないとすでにわかっていることをつねに念頭に置き、別のやるべきことと同時にできないか考えよう。

グーグルに加わったばかりで、新しい職務を担おうとしていたエグゼクティブにコーチングをしたことがある。彼は、複数の大陸、タイムゾーン、ビジネス領域に広がるグローバルチームを率いていた。時間を見直してみると、世界じゅうに散らばっているチームメンバーとの接触に多くの時間を費やしていることがわかった。みなと親しくなるために、すでにおこなわれていたチームミーティングはそのまま残し、さらに新しいミーティングをカレンダーに追加していた。毎日がほぼ埋まり、パンク寸前になり、最重要の会議に出席することができなくなった。

そこで、彼のスケジュールを精査し、次のように変更した。

■彼が束ねる組織の「ヌーグラー」(グーグルに入社したばかりのニュー・グーグラー)ごとに個別ミーティングをおこなうのではなく、四半期ごとに「ヌーグラーとデイブのランチ会」(デイブはエグゼクティブの名前)を催す。それまで、1対1で9人と30分ずつ面談し、4時間半かかっていたのを、1時間の食事にまとめたのだ。ヌーグラーたちの質問やディスカッションのほとんどは似ているし、さらに副産物として、彼らは組織内の他の新人とも顔見知りになることができた。

■組織内のさまざまなメンバーとの1対1のミーティングをカレンダーのあちこちにねじ込むのではなく、四半期のはじめに2日間、15分単位で面談できる日を設ける。その2日間はそれだけに集中し、残りの週はそれ以外のことに時間を使えるようになった。

■毎週のチームミーティングの時間を2時間から45分に短縮する。一気に減らしすぎではないかと不安に思うかもしれないが、ミーティングの雰囲気を根本的に変え、メンバーにも従来のものとはちがうと感じられるようにしたかった。もともと、そのミーティングにはほかの場で議論できることが多く交じっていると彼は感じていたし、各メンバーとは毎週個別に進捗確認していた。一新したミーティングでは、事前準備の時間を増やし、プレゼンテーションの時間を短くし、試験運用として2カ月間様子を見ることにした。

■毎月、各国で全社ミーティングをおこなっていた彼の出張スケジュールを、四半期に一度に変えた。訪問回数が減る分、ミーティングの時間を長くした（対面なので、よりインパクトがあり、全員が優先的に参加するようになった）。

■毎週金曜日に、主要業務には関係のない面談やミーティングのためのオフィスアワーを設けた。

数カ月後に彼と再会したとき、劇的な変化が起こっていた。チームメンバーは依然として彼と直接話せる時間を充分にとれていると感じていた（匿名のアンケートを実施し、肯定的な回答が得られた）。一部の会議を戦略的に対面に移行することで、実際にはチームメンバーとさらに多く会っていたし、組織に新たに加わったメンバー全員とも最初の2、3カ月以内に会っていた。最も重要なのは、彼がよりよいリーダーになったことだ。チームにとって意義のある事柄のためにより多くの時間を確保することができ、効率よく業務を遂行していた。そうなったのも、「同じエネルギーでより多くの成果を引き出す」ためのスケジュール変更に取り組んだからだった。

「ノー」のハードルを下げる境界線

境界を設ける重要性は、ときにはただ「ノー」と言わなければならない状況とも密接にかかわってくる。引き受けられない仕事を断る際の戦術については第2章で紹介している。

境界線をはっきりと引き、意識して周知を図ることのすばらしい点は、誰かにノーと言わなければならない回数が格段に減ることだ。金曜日の午前中は集中の時間であると前もって伝え、カレンダーに書き込んでおくと、金曜午前の会議をわざわざ断る必要がなくなる。誰もそこに予定を入れてこようとはしない。「私のトリセツ」に「インスタントメッセージを利用するのは急用時のみ」と明記しておくことで、対応する必要のないメッセージや、別の手段に誘導しなければならないメッセージはほとんど来なくなり、代わりに、私の希望手段であるメールでリクエストが届くようになる。

境界を侵害されるようなことがあれば、そのつど指摘するのが効果的だ。なぜ断るのかが明確になり、同じことが繰り返される可能性を小さくできる。「お知らせしているとおり、午後7時以降はミーティングに出席できかねますので、今回は不参加でお願いします」「『私と仕事をするときのトリセツ（リンク先をここに表示）』でお願いしているとおり、ミーティングのまえにメールで打ち合わせたいので、まず懸案事項についてご送信ください。拝見して返信します。必要に応じて互いの時間を調整しましょう。ご理解ありがとうございます！」

境界があれば、ノーを言うことが個人的なものではなくなる。この会議にノーと言っているのではなく、午後7時以降のどの会議にもノーと言っているのだ。就業時間外に届いたあなたからのメッセージを無視しているのではなく、就業時間外のどのメッセージにも応答しないのだ。境界は行動に枠組みを与え、周囲との人間関係や自身のメンタルを穏やかに保つのに役立つ。

もちろん、こうした境界にはある程度の融通性が伴う（役員から会いたいと言われたら、本来なら対応外の時間だったとしても、おそらくスケジュールを調整して対応するだろう）し、自分ではスケジュールをどうしようもできない場合も当然ある。たいせつなのは、自分でコントロールできる部分については境界と優先順位をもつことだ。部下から1対1の面談を求められた場合、すぐに30分の新たな枠をつくるまえに、休憩と食事に充てるつもりだった時間帯に一緒にランチをとれないかと提案するなど、融通を利かせる余地はある。第5章で説明したカレンダーのテンプレートと同様に、ここでの目標はスケジュールのなかでコントロールできる部分に焦点を当て、自分にとって好ましいように最大限活用することだ。企業や組織の文化によって状況は異なるが、境界や優先順位の考え方が職場で共有されていないのであれば、この機会に提案してみるのは段階的なプロセスとなるだろう。少なくとも、あなたはいま、スケジュール管理について対話を始めるための言語とツールを手にしたところだ。

境界を注意深くかつ明確に設定することは、時間、エネルギー、注意力、そして脳の力を護るためにきわめて重要だ。率直でわかりやすい境界設定は、同僚との円滑な協働を促進し、仕事の効率を上げ、創造性を発揮しやすくする。ただし、境界線で護られた時間と空間をどう計画するかは、これまでの章で議論してきたリスト類・カレンダーなどの実践手法やテクニックを当てはめるだけで終わりではない。次の章で見るように、本当に優れた計画には、それ自体にすばらしいメリットがある。

実践：生産性を上げるメソッド

■自分のために引きたい3つの境界線は何か？　肯定表現で述べてみよう。
■「私と仕事をするときのトリセツ」を簡潔にまとめ、広く公開するか、少なくともチームメンバーや近い同僚と共有する。
■カレンダーを見直して、エネルギーポイントを増やす方法を考える。会議の統合や時間短縮、再配置ができないかを検討する。
■「ノー」と言うときには、自分の境界線やトリセツの存在を相手に伝える。まずそれを参照してもらう習慣を周囲に定着させる。

第12章

「計画」で結果は変わる

「計画する」ということばを聞いて抵抗を覚える人は少なくない。そういう人は自発性の欠如を感じてしまったり、何時間もかけて食事の献立を考えるようなイメージを連想したり、退屈でストレスが溜まる作業だと思ったりしがちだ。自分は計画的な人間ではないと思っている人もいるかもしれないが、計画を立てることを苦行だと思うのをやめ、仕事や人生をおもしろくし、準備をととのえ、最大限に活用するためのプロセスだと考えてほしい。

これまでの3つのパートを通して、多くのテクニックを紹介した。リスト作成、カレンダーの調整、1日の組み立て方、さらに「何を」「いつ」「どこで」実行するかなど、あらゆる課題を遂行する方法について説明してきた。それらを効率よく進めるための唯一の方法は、事前に計画を立てることだ。テクニックやツールや戦略の中身と同じくらい重要なのは、「どのように」実行するかという点にある。ToDoリストを実行することは、「生産性の5つのC」の「クローズ（完了）」にあたり、おそらくこれが最も重要なパートだ！　開いたループを確実に閉じる最良の方法は、あらかじめ計画を立てることだ。事前によく考え、行動できるように準備しておくこと。計画とは、先のことをちらりと考えたり、たんに書き留めたりすればいいのではない。エネルギーの行使であり、意図を実現するために不可欠な行動だ。直前になってからあわてて計画するのは惨事の元となる。物事が起こるまえに計画し備えておくことが成功のカギなのは、計画は「未来の自分」と直結しているからだ。だからこそ、前日の夜に何分かでも時間をかけて「時間ごとのプラン」を作成しておくと、大きな恩恵を得ることができる（左ページに例を示す）。

1日は前夜のうちに始まる。

下ごしらえの効用

午後4時に、夕食にチキンを食べたいと思ったとしよう。もちろん、塩を振って調味料を擦り込んで、グリルに放ってもいい。だがもし、前夜からチキンのことを考えて、気に入りのマリネ液に漬け込み、1日かけて味を染み込ませてから焼いたらどうなるだろう？　前もって計画しておくことで、格段に風味が豊かになるはずだ。先のことに少しだけ意識を向け、ひとつかふたつの準備ステップを費やすかどうかで、最終的な成果物に大きな差異が生まれる。しか

火曜日

今日 ‹ › 2024年4月28日

28 出社日

7:00	瞑想／子どもを起こす・学校の準備
8:00	子どもを送って出社／メール仕分け
9:00	ミーティング（1時間）
10:00	メール返信／電話を何本か
11:00	パワー・アワー：プロジェクト提案書作成
12:00	パワー・アワー：マネジャー向けまとめ作成
13:00	昼食／メール仕分け／メールを読む
14:00	ミーティング（1時間）
15:00	ミーティング（30分）／社外への営業電話
16:00	社内ジムで運動
17:00	メール再チェック／退社
18:00	夕食（タコス）
19:00	リラックス／刺繍プロジェクトに着手

も、肉をマリネ液に漬けているあいだ中、夕食にどれほど美味なチキンが食べられるのか、期待を膨らませていられる。旅行もそうだ。「さあみんな、今夜フィジーに出発するよ。荷物をまとめて！」といきなり言われるのと、「ねえみんな、1カ月後にフィジーに行こう！」と言われるのとでは、楽しさがちがうはずだ。後者なら、新しい水着を選んだり、フィジーの写真を見たり、シュノーケリングツアーを計画したりして気分が盛り上がる。もちろん、思い立ってふらりと出かける旅にもよさはあるが、事前に旅行がわかっていると、ワクワクしていられる時間が長くなる。夕食でも旅行でもふつうの日でも、計画を立てることで、時間はより豊かになる。

計画は、仕事を「熟成させて」その価値を増やす。第3章で、デイリー・リストは何をする必要があるのかを絞り込むのに役立つと説明した。ただしデイリー・リストの価値の多くは、前日の夜に作成するところにある。翌日のそのときが来るまでの10時間から12時間、精神的に準備する時間が得られる。たとえば、翌日の午前10時にある業務を追加したとしよう。その時間帯にその業務に取り組むことを自分はすでに知っているので、翌日の午前9時59分が来たときに、ほとんど抵抗を感じずに移行することができる。すでに準備ができている。その業務に取り組むという考えに慣れているから、そのためのアイデアを考え始めていたかもしれない。計画とは、何かを始める際の抵抗の壁を下げるひとつの方法なのだ。前もって計画してあるから、次の活動に切り替える際に脳にサプライズが起こらない。

会議の議題でも、似たような「マリネ」効果が発揮される。たとえば明日、マネジャーとの1対1での定例進捗確認が予定されているとしよう。その場で自身のキャリアについての大局的な話をしたいと考えている。一方、マネジャーのほうは、いつもの業務連絡の場だと思っていて、プロジェクトの進捗について報告を聞くつもりでいる。さあ、ミーティングが始まった。あなたは突然、キャリアについての話を始める。マネジャーもそれに対応することはできるが、想定していた内容とはまったく異なるため、ギアを入れ直さなければならない。結果的に、あなたは、最高に有意義な話し合いをする好機を逃してしまう。議題があれば、こうした事態は避けられたはずだ。マネジャーはふさわしい心積もりをもってミーティングに臨むことができ、さらには、事前にあなたのキャリアについて考えたり、話したいことを考えておいたりすることもできたかもしれない。

Xを見たら、Yを計画する

計画を立てる習慣を身につけるのに役立つ別の方法は、「Xを見たら、Yを計画する」という公式を使うことだ。「どこかでこれを見たら、計画と結びつけ、確実に対応できるようにする」という動機づけを脳に与えるのだ。私が使っている例をいくつか紹介する。

■会議の招待メールを見たら、準備に必要な時間も含めてスケジュールに組み込むまで受信トレイに置いたままにする。
■プロジェクトの納期が定まったら、完了に必要な作業時間をスケジュールに割り振り、その納期をメイン・リストに追加する。
■誕生パーティーやイベントに招待されたら、ひとまず出席の返事をしたのち、贈り物／手土産を購入するまで招待状を目につくところに置いておく。
■キッチンや食品庫のストックが切れたら、食料品リストに追加するまで、空になった容器をカウンターに放置しておく。
■贈り物やうれしい手紙をもらったら、礼状を書くまで、箱や封筒を目につくところに置いておく。

自身の役割やＴｏＤｏに合わせてこれらをカスタマイズし、必要なときにいつでも計画の動機づけが作動するようにしておこう。

計画を習慣化する

回数を重ねるごとに計画を立てることは楽になっていく。献立を毎週、計画していれば、好きなレシピに必要な材料が把握できるようになり、ふだん使う食材、ストックしていない食材、調理にかかる時間も、何も見なくてもわかるようになる。仕事の計画も同じだ。何度か計画を立てるうちに、仕事にかかる時間や、作業を割り振るのに最適な時間帯はいつか、邪魔になるものは何かがわかってくる。さらに、自分の弱点にも気づき始める。「この会議のまえに資料の準備や気持ちの準備のための余分な時間を確保しておかないと、『未来の自分』は怒る。だから必ず準備の時間を空けておこう」「終日会議のあとは、『未来の自分』は疲れきっているはずだから、その日の夜はリラックスできるように計画しておこう」などと考えるようになる。計画の有効さを信頼できるようになり、記憶だけに頼らなくなる。片づけなければならない課題やそのスケジュールをすべて頭のなかにとどめておく必要がなくなるので、新しいアイデアを生み出す余裕ができる。計画は、スペースを空けることで新しいループを開く道筋をつくり、正しいことを成し遂げられるという静かな自信を育む。

計画は、恐れるべきものでも避けるべきものでもない。必要不可欠であり、適切におこなえば、自分に力を与え、興味を掻《か》き立て、未来へと引っ張ってくれる。計画にかけた時間は、長い目で見ればそれ以上の時間の節約になることがほとんどだ（第3章で出てきた、食料品リストをつくることで買い物時間を短縮できる例のように）。計画は、いまのあなたが未来の自分に贈ることのできるとびきりのギフトだ。計画する未来は、明日かもしれないし、来週かもしれないし、来年かもしれないが、その未来には他者もかかわってくる。職場でのとくに重要な「他者とのかかわり」、すなわち「会議」について、次の章で見ていこう。

実践：生産性を上げるメソッド

- ■1日や1週間が始まるまえに、デイリー・リストとウィークリー・リストを作成し、その日／週が始まったときにマインドセットがどう切り替わるかを観察する。
- ■「Xを見たら、Yを計画する」という動機づけをいくつか考え、課題が発生するまえに必要な時間を確保する習慣をつける。
- ■数週間、計画の演習を続けてみて、自身のエネルギー、先延ばしグセ、意志力にどれだけのちがいが生まれるかを観察する。

第13章

会議を制する者は仕事を制す

もし、来週、23時間（ほぼ丸1日）を使って何かをしてほしい、ただしそれが実りのある時間になるかどうかはわからないと言われたら、おそらく引き受けないのではないだろうか。それほどの長時間を、成果の保証されていない活動に費やすのはつらい。

ハーバード・ビジネス・レビュー誌の2017年の調査によると、エグゼクティブが会議に費やす時間は週平均23時間で、1960年代の10時間未満と比較すると大幅に増えていた。[*18] マサチューセッツ工科大学の発刊するMITスローン・マネジメント・レビュー誌に掲載された記事は、平均的な一般社員が会議（オンラインまたは対面）に費やす時間は週に6時間程度だが、管理職は非管理職よりも会議の時間が長くなり、昇進していくにつれて急激に増加すると伝えている。[*19]

その長短にかかわらず、会議は有意義な時間であるべきだ。質が高まれば、社員の満足度が高まり、仕事の充実感も向上する（2010年のヒューマン・リソース・マネジメント誌に掲載された研究では、会議の満足度と仕事の満足度にはダイレクトな相関関係があることが報告されている）。[*20]

自身で会議を主催する場合も、一《いち》参加者である場合も、これからお話しすることを考えてみてほしい。

そもそも会議は必要か？

最初の一歩は、立ち止まって「会議は本当に必要なのだろうか」と問うことだ。かなりの会議をメールやチャットで済ませられるはずだ。会議は多人数が同時に同じ空間にいる必要があり、その全員になんらかの注意を払わなければならないため、時間と労力を大量に使う。

10人での会議を想像してみよう。全員がテーブルの周りに座り、各自が1週間分のアップデートを3分間ずつ発言するスタイルだとすると、最低でも30分かかる。だが、10人が内容を3つの箇条書きにまとめてメールで回せば、各自が全員分を読むのにせいぜい5分しかかからないだろう。会議は、10人全員の時間を25分ずつ余分に消費している！

ビジネスチャンスにもかかわってくる。第2章で見たトレードオフの考え方に照らせば、ある会議に「イエス」と言うことは、別の何かに「ノー」と言うことだ。会議に時間を費やすということは、その時間に別の何かをしない、いということだ。

会議に出席することが、その時点での時間のベストな使い方かどうかはつねに確認する必要がある。ベストでなければおそらく、会議に「ノー」と言っていたら選んだはずの別の何かほどの価値はないだろう。

PAR基準を満たしているか？

それでも必要な会議はある。会議を開くと決めたのなら、「PAR」を押さえていることを確認しよう。

P（目的：Purpose） なぜ、この会議を開くのか、どのようなタイプの会議にするのか。

A（議題：Agenda） 事前に議題を決め、参加者にアジェンダを配布する。議題がわかれば、参加者は何かを準備したり、自身が参加する必要があるかどうかを判断したりできる。

R（成果：Result） 何をもって会議を成功とするのか、具体的な成果のイメージをもつ。メモや議事録と、会議後に実行すべき明確なアクション項目を共有し、成果をフォローアップする。

会議の目的（P）

すべての会議には目的が必要であり、開催前に参加者と共有しておくことが重要だ。生産性向上についての私の愛読本『*Meetings Suck: Turning One of the Most Loathed Elements of Business into One of the Most Valuable*（会議は害か：嫌われる会議を会社の武器に変える方法）』では、会議を3つの種類に分けている。[*21]

■情報共有——上席者への報告か、部下への連絡かを問わず、必ずしも議論やフィードバックや決定を求めるのではなく、たんにFYI（参考情報として）を目的としたもの。

■クリエイティブな議論——ブレインストーミングとも言う。グループでアイデアを出し合ったり、状況への対応策や新しい戦略を話し合ったりするために集まる。必ずしも決定が下されるわけではない。

■意思決定——会議での決定に基づいて、会議後に何かが変わる。

この3種類に加え、私は種類をもうひとつ追加したい。

■関係性の構築・維持——とくに昨今のバーチャル、リモート、ハイブリッドワーク環境においては、懇親のためだけに会議を開くことがある。

会議は、これらの目的が組み合わさることもあるが（だいたいはそう）、スケジュールを組む際に目的を明確にしておくと、自身にとっても他の参加者にとっても、その会議の前後に何を考えるべきかの判断がしやすくなる。会議の目的がひとつであれ、複数であれ、参加者にはつねに明確に伝達する必要がある。

会議の議題（A）

第11章で触れたように、私はアジェンダが用意されている会議にしか出席しない。確たる理由があってこうしている。アジェンダには、たんに議題を知る以上の利点があるのだ。アジェンダがあることによるメリットをいくつか挙げる。

■参加者は、事前に考える時間が与えられる（会議が始まってからその場で考えるのではなく）ため、会議に集中しやすく、内容を咀嚼する余裕がもてる。
■参加者は、アイデアをもって、また適切なエネルギーレベルで出席することができる。
■時間を最大限に活用でき、時間の無駄を防げる。会議での発表者は、事前に自分たちの持ち時間を把握できる。

■参加者は内容に基づいて、出席をとりやめたり、代理人を送ったりできる。つまり、会議室にはつねに適切な人員がそろうことになる。

■参加者のエネルギーが注がれる方向、および、議論に臨む心構えが一致する。

■会議前に読んでおくべき、または目を通しておくべき資料が事前に配付されるため、準備のできた参加者が同じ認識をもって会議に臨むことができる。

■アジェンダには、前回までの会議で決まったアクション項目のうち未完了のものに最後のひと押しをする力があり、関係者に責任をもたせることができる。

次ページのアジェンダのテンプレートは、私のウェブサイトにも掲載している（英語版）。アジェンダにはポジティブな効果が多数あり、率直に言ってネガティブな要素はひとつも思いつかない。グーグラー用に作成したこのテンプレートはすでに広く使われているので、手始めとして役立ててほしい。

会議の成果（R）

会議で最も重要なのは成果だ。「何をもってこの会議は成功と言えるのか？」会議が成功であるのなら、このテンプレートに示した「成果」が「会議の成果（R）」と一致しているはずだ。

ミーティングのタイトル

出席者（任意）

目的：

いずれかに○↓

情報共有・クリエイティブな議論（ブレインストーミング）・意思決定・関係性構築

準備、事前資料

＊準備に要する時間も明記する　（例：添付資料の閲覧所要時間：約8分）

成果

＊この会議により何を成し遂げれば成功とするかを明記する

議題：

- 前回のミーティングで決まった今回までのアクション項目があれば、担当者よりアップデート
- 本日の議題（1）　会議招集者より（予定時間を入れる 例：10分）
- 本日の議題（2）　その他　　　　（予定時間を入れる 例：10分）

本日の決定事項・結論：

注記：

……………………………………………………

……………………………………………………

……………………………………………………

フォローアップ／課題

- アクション項目（責任者を指名）
- アクション項目（責任者を指名）
- アクション項目（責任者を指名）

ただなんとなく「次のステップ」というだけで会議を設定する人が多いが、主催者自身すら成功のイメージが固まっていないときに他人の時間を割くべきではない。会議が成功に到達したなら、そのことを次のようなかたちで出席者に明確に伝えよう。

■ 決定事項または結論は、決定に至ったプロセスや理由も含めて、出席しなかった人にもわかるようにフォローアップやまとめの連絡のなかであらためて言明する。
■ 次のステップとアクション項目を期限つきで明確に設定し、伝達する。
■ 共有が必要なメモ、録音、議事録などは、参加しなかった人やオプション参加した人にも配布する。

誰を招くべきか？

会議を開催する際には、スケジュールを設定するまえにPAR基準を満たしているかどうかを確認しよう。自身が出席依頼を受けた会議がPARを満たしていない場合には、主催者に対して議題の送付や目的の明確化を丁寧に依頼しよう。

会議に出席しても終始ノートパソコンをいじっているような人は、その場にいる必要はない。

会議の主催者は、できるだけ少ない出席者数で目的を達成することを目指すべきだ。会議に参加する人は全員、価値を提供するか、価値を得て帰るか、またはその両方である必要がある。私は、「これで大丈夫かと不安になるくらい少人数」で始めることを勧める。参加者をできるだけ絞るという意図が強調されるからだ。そこを出発点として、最初の招待リストを作成したあとで、成果を出すためにはさらに人数が必要かどうかを判断し続ける。会議の種類がちがえば、適切な人数も変わってくる。積極的に参加する人だけを含めるように心がけたい。会議の結果がどうだったかを知りたいだけの人には、フォローアップのメモやサマリーを渡し、同じ情報を共有すればいい。

あるチームから誰が参加すべきかが不明な場合には、まず尋ねてみよう。また、特定の人物を「オプション参加者」として追加することもできる。明確な議題を送付することになっているので、招待リストに載っている人は誰でも、自身が出席するにふさわしいか、あるいは別の誰かを追加すべきかを判断できるはずだ。「オプション参加者」の設定があれば、「この人を招待すべきだと思うからそうする」という考えと、「主催者に招待されたのは私なのだから、私が出席すべきだと思う」という考えのあいだで板挟みになるのを避けることができる。

意思決定の会議はとくに少人数にすることがたいせつだ。マーシャ・W・ブレンコ、マイケル・C・マンキンズ、ポール・ロジャーズ共著の『*Decide & Deliver: 5 Steps to Breakthrough Performance in Your Organization*（決定と実行：組織で飛躍的な成果をあげるための5つのステップ）』では、会議に7人以上の出席者がいると、ひとり増えるごとに意思決定の有効性が10％ずつ低下するという調査結果を示し、従来からあった暗黙の了解を裏づけた。[*22]

会議に出席することは栄誉の証ではない。実際の貢献が求められていることを、ことば遣いや行動で示そう。新しい「忙しさ」とは、バランスと境界を意識することだ。アジェンダに重要な項目をすべて盛り込み、誰かがそれを読んだうえで出席を断ってきたら、その意思を尊重しよう。その人は自分がその会議にふさわしくない、または、出席しても時間の適切な使い方にはならないと判断したのだ。あなた自身にも同じように断る権利があると考えていい。

時間の長さは？

参加者を「これで大丈夫かと不安になるくらい少人数」で始めるのと同様、会議時間も、少なくとも最初は「これで大丈夫かと不安になるくらい短い時間」を目標にしよう。私たちはつい、必要以上に会議を長引かせてしまいがちなので、はじめから「短く」を目指すことで、最終的には適切な時間に収まることが期待できる。「パーキンソンの法則」という、20世紀半ばに提唱された法則がある。法則のひとつは、「仕事量は、完成までに割り当てられた時間に合わせて膨張する」というもので、これは会議も例外ではない。誰にも覚えがあるだろう。1時間の予定だった会議で、議論は47分で終わったのに、誰かがトピックから離れた話題をもち出し、脱線してしまい、気がつけば終了予定を10分もオーバーしていた経験が。こうした事態を避けるため、「会議は脱線せずにつねに短時間で」を心がける。

一般的な会議時間は30分間とされており、アメリカの有名なコメディドラマシリーズ『ジ・オフィス』も30分番組であることから、私は会議をスケジュールするときに「ジ・オフィス・ルール」を当てはめている。アジェンダを見て、考えるのだ。「この議題について話し合うのに、コマーシャル込みの『ジ・オフィス』の1話まるまる分を費やす必要があるだろうか？」と。議題がひとつだけなら、答えは通常「ノー」だ。ひとつのトピックについて話すのに30分はかなり長い。

15分とか45分といった、30分刻みから外れた会議時間を設定することにためらわないでほしい。今後のスケジュールに大きなちがいをもたらす可能性がある。毎週1時間の会議を45分に短縮すれば、1カ月で1時間が手に入る。また、定例会議がある場合には、1回ごとに個別に見直すことがたいせつだ。議題が多い週には通常どおりの1時間を使う。ただし、もし別の週の議題が少なければ、会議時間を短くしたり、主催者に短縮を依頼したりするといい。自身が主催者であるときには、適切と判断した場合に会議をキャンセルしたり短縮したりすることで敬意を得ることができる。他者の時間を尊重していることの表れだからだ。主催した会議が始まったあとに遅れて部屋に入ってきて、「今日はたいして話すことはないけれど、せっかくスケジュールを充てていたから、みなさんの様子でも見ようかと思って」などと言ったりすれば、その場にいた人たちからの敬意を失い、以降はその会議への出席者が減るだろう。

頻度は?

会議の適切な開催頻度を把握する唯一の方法は、一定の間隔で定期開催にしてみて、しばらく経ってから見直し、適切だったかどうかを判断することだ。多くの人は、この「見直し」を怠っている。なんらかの会議をいったん週次の定例会議と設定したあとは、永久にそのままにし、週次というのが適切なのかどうかを立ち止まって考えたりしない。定期的な見直しがなされないために、会議がしばしば長時間に及んだり、余分な臨時会議を開く羽目に陥る。逆に、会議の頻度が高すぎて議題が乏しいために、開催間隔をもっと空けるべきという場合もあるだろう。

頻度が少なすぎるのか多すぎるのか、時間が長すぎるのか短すぎるのかなど、『ゴルディロックスと3匹の熊』の童話の喩えにもあるように、「ちょうどいい程度」が見つかるまでテストを重ねるべきだ。

この過程で当て推量を避けるひとつの方法は、定例会議の開催回数を制限することだ。最初に、その会議を5回だけ開催するようにスケジュールしてみよう。5回目が終わると、「ゼロベースのカレンダー作成」のマインドセット（第5章参照）でその会議を再評価し、同じ頻度と時間で会議を再度スケジュールするか、頻度と時間を変えるか、あるいは会議そのものをキャンセルするかを判断する。頻度がちょうどよかった？——すばらしい！ そのまま続けよう。会議がだらだらしている、もっと短くできると思うのなら、変更しよう。

会議の頻度を決めたあとも、会議を「有意義なもの」にする努力は続ける。たとえば、誰かと毎週、進捗確認のミーティングをおこなっているとする。アイデアや緊急でない質問が浮かぶたびに、次回のミーティングを待たずにインスタントメッセージやメールでそのつどやり取りしてしまうのなら、ミーティングの存在意義と質は低下する。もはやその会議は、その人とつながるための最適な場ではなくなっている。週を通して頻繁にチャットやメールをしているため、定例のミーティングで話題にすることがほとんど残っていないのだ。同様に、チームミーティングが毎週予定されているのに、チームへの連絡をメールで大量に送ってしまうのなら、メンバーに毎週のミーティング出席という時間を差し出させたうえに、彼らのメールボックスも圧迫することになってしまう。決めた頻度を尊重し、可能なかぎり、会議まで待てる連絡は会議までとっておこう。こうすることで、会議の価値を高めることができる。

フォローアップを確実に

フォローアップのやり方はさまざまあるが、会議のタイプに合ったものにする。私自身は、一語もおろそかにせずに丁寧にノートをとるタイプの人間ではないが、なぜノートを丁寧にとらないのかと言えば、そんなもの誰が読む？　と感じているからだ。要点を箇条書きにまとめ、重要資料へのリンクを貼り、明快なアクション項目を期限つきで示した議事録をつくることこそがとくにだいじだ。

次に、これまで挙げてきた4つのタイプごとの議事録作成の指針を紹介する。

■ 情報共有——フォローアップには、共有された情報と、補足として把握しておくべき情報またはそこへのリンクを含める。

■ クリエイティブな議論（ブレインストーミング）——議論内容のサマリー、会議後に思いついた意見やアイデア（これはよく起こる）の送り先、議論した情報に基づいて決定が下される場合、その決定が実際にいつどのように下されるのかを含める。

■意思決定――決定した内容、変更がいつどのように実施されるのかを含める。これにより、会議が終わったあとも過剰に続く話し合いや、決定がいつどのように下されたのかがわかりづらいという混乱を回避することができる。

■関係性の構築・維持――会議中の発言を再確認し、会議の目的が人脈づくりやビジネスチャンスの探求だった場合にはつながりを強化する内容を含める。次回の日程を設定することも考えられる。

会議のあとで、議事録やアクション項目を受け取った場合には、それを自身の逆三角形型のToDoリストに直接加えよう。当日中に終わらせる必要がある場合には、デイリー・リストに組み込む。週末までに終わらせる必要がある場合には、その週のウィークリー・リストに組み込む。1週間以上の余裕がある場合には、メイン・リストに締切日とともに組み込み、翌週以降のスケジュールのなかに時間を見つける。

すばらしい会議とは

自分が会議の主催者である場合には――いや出席者のひとりであったとしても――全員の時

間をたいせつに扱う責任がある。参加している会議が時間をあまり有効に活用していないと思えるときには、主催者に（穏やかに）問題提起し、改善を促す責任もある。また、会議を円滑に進めるために自分の時間と労力を自発的に差し出すこともでき、これは主催者から感謝されるはずだ。

グーグルでこれまで参加したなかで最高の会議は、あるプロダクトマネジャーが主催し、そのプロダクトにかかわる各部門の人たちが全員参加する週次のプロダクト会議だった。それから12年経ったいまでも憶えているほどその会議がすばらしかったのには次のような理由がある。

■開始予定時刻ちょうどに始まり、議事録には載らないちょっとした面白話や豆知識、グーグルの福利厚生ニュースに軽く触れる。参加者（会議室に入れずにリモートで参加する人もいた）は、その話を聞きたくて時間厳守で集まった。

■参加者には2日前に、議題に加え、議論内容、読んでおくべき資料、各自の準備要件が送られていた。議題が通常の1時間枠に満たない場合には、会議時間が短縮された。会議を開くほどの議題がそろわない場合には、その週の会議はキャンセルされた。

■会議の冒頭では、読んでおくべき資料を全員が読んでいるとの前提に立ち、そうした情報やスライドについての説明はおこなわれなかった。（資料を読まずに参加した人は、自分がスタートから遅れていることにすぐに気づき、二度と読み忘れることはなかった！）

■毎週の議題の最初の項目は、前週に割り当てられたアクション項目の進捗を確認することだった。これがどれほど、みなに責任感をもたせたかはことばでは言い表せない。進捗を会議の最初に必ず訊かれるとわかっているのだから、みながすぐに着手するようになった。誰だって人前では格好よく報告したい！

■所定の議題について発表するプレゼンターの持ち時間が1分を切ると、部屋にある卵形のタイマーが鳴る。タイマーの意味を全員が理解しているので、プレゼンターをさえぎる気まずい状況がない。

時間の無駄にはけっしてならないことがわかっていたため、私はいつもこの会議を楽しみにしていた。この会議はよく油を差した機械のようにスムーズに運営され、プロダクトマネジャーはその手腕で敬意を集め、最終的にプロダクトは成功を収めた。これは真に卓越した会議の輝かしい例だった。

推測より質問！

あなたが会議の主催者で、会議の時間が長すぎないか短すぎないか、頻度が高すぎないか低すぎないか、あるいは出席者が有意義な時間と感じているかどうか、を不安に思っているとしよう。そんなときには、思い悩むより直接訊いてみるほうがよほど簡単！　無記名式のアンケートを配布し、彼らが心のなかではどう思っているのかを確認しよう。その結果は多くの場合、すでにあなたが考えていたことと一致するはずだ。本当はスタッフミーティングを短縮したいが、そうするとチームはあなたとのコミュニケーションが足りないと感じるのではないかと心配だったとしても、調べてみたら、じつはチームのほうも短縮を望んでいた、ということも充分ありえる。自分が主催者なら会議の雰囲気につねに気を配り、参加者ならフィードバックを求められたときに率直かつ誠実な意見を返すことを習慣づけよう。

会議には長い時間がかかるが、適切に運営すれば、有意義に時間を使うことができる。会議を主催するのなら、議題やフォローアップ、適時性、参加者の選定、頻度・時間などについて検討しよう。ひとりの参加者として出席する場合でも同じことを考え、主催者に意見や感想を伝えよう。自分の時間を（そして他者の時間も）たいせつにする人には誰からも敬意が払われる。

会議をコントロールするということは、仕事をコントロールすることにほかならない。

優先順位を決め、時間を奪うものへの断り方を学び、自身のエネルギーフローを知り、スケジュールを的確に整理し、会議の品質を最大限に高めることは、アップタイムの考え方の根幹をなす。これまでの章では、こうしたことを実現するための新しい戦術とツールについて述べてきた。次の章では、毎日使っているツールも、ちょっとした工夫でアップグレードし、強力な味方にできることを見ていこう。

実践：生産性を上げるメソッド

■会議を設定するまえに、その会議がＰＡＲ基準を満たしているかどうかをチェックし、どのタイプの会議に該当するかを確認する。

■参加者のリスト、会議の頻度と時間を厳しく吟味する。それらを減らす余地がないかについて検討する。

■会議以外のコミュニケーション手段を安易にとるのではなく、アジェンダに情報を集約し、会議を「有意義な時間」にするよう努める。

■自身が主催する会議や定例会議の頻度と時間が適切かどうかをこまめに見直す。アンケートを送付して意見を聞くのもひとつの方法だ。

■会議を最大限に活用するためのアジェンダと議事録のテンプレートを構築する。

第14章 ツールを味方につける

序章で、生産性はどれだけ少ない時間でどれだけ多くのことを達成できるか、つまり効率としてとらえられがちだと書いた。生産性の定義は幅広く、たしかに効率もそのなかのひとつだ。開いたループをきっちりと、かつできるだけ迅速に閉じる能力は全体としてどれだけのことを達成できるかに影響する。

多くの人が、アプリのほか、さまざまなプログラムやプラットフォームなどのツールに頼って、生産性のギャップを埋めている。ツールは便利だし、全体のワークフローを向上させることができるが、生産性という勝負を分けるのは、ツールの背後にある「意図」と、ツールを使いこなす知識の組み合わせである。

私はかつてコーチング・セッションの一環として、仕事で12年間、Ｇｍａｉｌを使っていた人に、ラベルの色の変え方を伝えたことがある。上席者からの重要なメールはすぐ目につくように鮮やかな赤色にし、社外からのメールは別の色にして営業メールを簡単に見分けられるようにした。彼は、受信トレイの様子を視覚的に把握できるようになったことを喜んでいた。ただ……私は思わずにはいられなかった。彼がもっと早くこのことを知り、12年前からメールを色分けしていたらどれほど生産性が上がっただろうかと。

設定に時間をかける

かれこれもう9年間、5万人を超えるグーグラーに毎週、グーグル・ワークスペースで生産性を向上させるためのクイックヒントをメールで送信している。グーグル・ワークスペースは、Ｇｍａｉｌ、グーグル・チャット、カレンダー、ドライブ、ドキュメント、スプレッドシート、ミートなど、世界の何十億というユーザーが利用しているコミュニケーションおよびコラボレーションのアプリだ。現在はグーグル・ワークスペースのＹｏｕＴｕｂｅチャンネルでも見ることができるこのクイックヒントは、グーグル・カレンダーのイベントをＧｍａｉｌからダイレクトに作成する方法や、グーグル・フォームで作成する質問に画像を使う方法など、さまざまな項目をカバーしている。どれも小さなヒントだが、時間節約に役立つものばかりだ。何年もまえからヒントを参考にしている人たちから、実際にどれくらい時間を節約できたか、全体の生産性がどれだけ向上したかを伝えるメールが私のもとへ何百通も届いている。また、「こうしたヒントをどうやって思いつくのですか?」という質問のメールもよく来る。

いままでは私は多くの機能の開発に携わっており、プロダクトチームと協力し、リリース情報を事前に受け取っている。だが、はじめの数年間は、すべてのヒントを「設定」から見つけていた。

「設定」の調整に20分かければ、ツールは強力になる。

どのプロダクトやツールにも「設定」が存在する理由は、能力をできるだけ発揮させるためだ。カスタマイズしたり、ワークフローを改善したり、ツールを自分仕様にするためにある。だが残念なことに、「設定」の内容を把握する時間を惜しんだばかりに、こうした機能を見過ごしている人は多い。テレビや洗濯機、メールやメッセージングのプログラムなど、週に1回以上使うプロダクトはどれも、最初に20分ほどかけて「設定」を調べ、何ができるのかを把握するべきなのだ。

私の義父は、驚くほどの精密さで食洗機に食器を詰め込む。収まる食器の多さ（しかもすべてがきれいに洗い上がる）ときたら、手品でも見せられているかのようだ。毎晩、緻密な設計図が引かれる。ボウルと皿の向き、カップの並ぶ角度が完璧にととのえられ、1センチも無駄なスペースがない。どうしてそんなに食器の収め方がうまいのかと尋ねたら、義父はなんと答えたか。もうおわかりだろう。彼は食器の並べ方に関する、その食洗機メーカーの説明書を読んだのだ。ほかに誰がこんなことをするだろう。ほとんどいないはずだ。でも本当にみなが説明書を読んだとしたら？　もっと多くの食器を詰め、しかもきれいに洗い上がり、毎晩が楽になる。わずかな初期投資で、毎日大きな見返りを得ることができる。

メールやメッセージアプリ、カレンダーなど、仕事で使うすべてのツールで同じように実行したら、どうなるだろうか。モバイル端末の通知のカスタマイズ方法を把握し、必要な通知だけを必要なタイミングで受け取れるように設定したり、色分けやタグづけを通して、必要な情報をすばやく見つけたりできるようになるだろう。ほとんどの人は、何ができるのかをよく知らないままこれらのツールに突進し、本当の実力を発揮させる方法を学ぶことなく、ただ使い慣れてしまう。

何を見て、何を見ないか？

次の第15章でも取り上げるが、プロダクトを使いこなすうえで重要なポイントのひとつは、ツールが仕事の妨げにならないようにすることだ。生産性向上のためのツールやプログラムは、ときに通知によってこちらの気を散らし、意図せずに生産性を低下させることがある。重要なことを通知するタイミングや方法は無数にあるが、通知を無視しても、あるいは通知の中身を見ただけで具体的な対応には進まなかった場合であっても、何かがあなたの注意を1秒でも引いたのなら、それは脳のスペースのいくばくかを侵食し、エネルギーポイントもその分、消費されてしまう。しかもその影響は積み重なっていく。

何をいつ見るかをカスタマイズすることには、とくに、つねにそばにあるデバイスをカスタマイズすることには大きな恩恵がある。手元のスマートフォンでは、着信の相手先、着信のタイミング、着信音を鳴らす時間帯、着信音の種類と音量などを決めることができるし、メールやメッセージの通知も同様だ。通知のまとめ機能を設定したり、仕事時間中のみインスタントメッセージの通知を表示するようにカスタマイズしたりすることができる。特定の人からのメールだけ通知をオンにしてそれ以外はオフにしたり、1日中、新しいニュースを受け取るのではなく、トップニュースの見出しをまとめて1日に1回通知が来るように設定したりすることもできる。私のスマートフォンでは、SNSアプリを夜間の1時間しか使えないように制限をかけている（さらに、制限を外してしまわないようにパスコードの管理を夫に委託している！）。プロダクトの「設定」のなかでおこなえるこうした小さな変更はどれも、四六時中誰かとつながるのをやめ、創造性を鍛えて新しいループを開く精神的余裕を生むのに役立つ。

パーソナライズで意欲向上

「設定」をカスタマイズすることに加え、デザインそのものもパーソナライズしよう。見た目が自分好みになっていれば、整理や管理の意欲も湧こうというものだ。気に入りの掛け布団なら、ベッドメイキングだって楽しいのと同じで、好きなビーチの写真が背景ならメールを見るときにも癒やされる。ファイル管理システムでフォルダーを色分けすれば、視覚的におもしろい。以前にコーチングしたエグゼクティブは、バーチャルカレンダーでフライトの横に飛行機のアイコンを追加したり、娘のテニスの試合にテニスボールのアイコンをつけたりする方法を知って、子どものように喜んでいた。ツールやプログラム、メール、デスクトップ、カレンダーは毎日何度もアクセスするものだから、見た目にもほほえましい、ちょっとした工夫がやる気を引き上げてくれる。

グーグルのCEOチームのバイスプレジデント、トム・オリベリのデスクトップには日々、メールや明細書、レビューすべきプレゼンテーション、決断すべき事項など、膨大な量の情報が届く。そんな彼の大好物はブリトーだ。トムのアシスタントのサラは、最重要事項に彼の注意を引くにはどうすればいいかと考えた。仕事が山積みになっているときにサラは、メールの件名にブリトーのアイコンだけを入れたメールを送った。トムはランチにブリトーを好んで食べているので、その件名を不思議に思って目を留めた。このアイコンは、当人の特徴を表しつつ、楽しいうえに目立つので、彼のチーム内で「重要事項」を表す存在となった。やがてそのメールは「ブリトー・リスト」と呼ばれ始め、ToDoリストと呼ぶよりもはるかに楽しく感じられるものになった。この小さな工夫とツールのパーソナライズが、1日のワークフローを少し楽にしてくれた。自分のワークフローをカスタマイズする時間を少しとることで、単調さを打破し、ツールやシステムを使い続ける意欲を高めることができる。

AIを駆使してスマートに働く

人工知能（ＡＩ）がすでに仕事の世界や物事のやり方を変革していることは周知の事実だ。シンプルな指示や質問（プロンプト）から新しい出力を生成できる生成ＡＩは、メールやドキュメントの作成・修正、情報の要約、さらには画像や動画、プレゼンテーションをゼロから作成する手助けもできる。グーグル・ワークスペースのようなソリューションのなかで生成ＡＩを活用する際の私のアプローチは、「設定」を理解するのと同じで、つまり生成ＡＩを組み込んだツールに何ができるのかをはじめによく知ることだ。ただしＡＩは万能ではなく、人間のフィードバックと組み合わさったときに最も高いパフォーマンスを発揮する。気に入りの生成ＡＩツールにプロジェクトのサマリーやプレゼン資料の下書きをつくらせ、その後、フィードバックを通して改善していく実験をしてみるのもいいだろう。ツールの設定を読み、ＡＩがどのように情報を統合しているのか、どのようなプロンプトを使用できるのかを知っておこう。いったん始めたあとは文章のトーンや文体、長さを簡単に調整することができ、以降は自身の手作業で仕上げる。結局のところ、ＡＩは人間の発想力、創造性、英智に取って代わるものではない。だが、賢く利用すれば、私たちにとって最高に強力なツールとなることに疑いの余地はなく、今後も人間の生産性を向上させていくはずだ。

ショートカットを活用する

デバイスと効率よくやり取りする方法としてとくに効果がわかりやすいのは、ショートカットを憶えてすばやく操作することだ。キーボードのショートカットはマウスに触れることなく一般的な操作をおこなうことができ、生産性向上の世界では隠れた英雄的存在だ。たとえば、Gmailの設定でショートカットを有効にすると、〝r〟キーを押すと「返信」、〝a〟キーを押すと「全員に返信」となる。ほかにも膨大な数のショートカットがある。どのプログラムにもキーボード・ショートカットが用意されており、一般的な操作に要する時間を、分単位は言いすぎかもしれないが、秒単位では確実に節約できる。教育系プラットフォーム〈ブレインスケープ〉の計算によると、日々の主要な操作のショートカットを習得することで、年間最大64時間、つまり8営業日分の節約につながるそうだ。[*23] 私のうしろに座っている人や、同じフロアの近くにいる人から、私の作業の様子を見て「どうすればそんなに速く操作できるのか？」「マウスに触らずにどうやってタブを切り替えた？」と訊かれることがよくある。私の答えはいつも同じ。「ショートカットよ！」

メールのような手近なところから始めるといいだろう。1日のうちでとくに頻繁に利用する操作（返信、全員に返信、削除、移動）のショートカットを憶えて練習してみよう。ブラウザで新しいウィンドウを開くショートカットを憶えるだけでも、実行する頻度によっては1日の何分間かを節約できる。

本格的に熟達したいのであれば、キーボード・ショートカット特訓を自分に課そう。具体的にはマウスの接続を切るか、マウスをひっくり返すか、目につかない場所に片づけるのだ。手がマウスへと伸びそうになるたびに、ショートカットを使ってショートカットメニューを表示し、キーボードだけで操作する方法をひとつずつ学習していく。ノースカロライナ大学チャペルヒル校の学生だったころ、スプレッドシートの講座を受けたことがある。期末試験では受講生全員のマウスが無効化され、すべてをショートカットでおこなわなければならなかった。一度憶えてしまえば、何年も忘れない。スプレッドシートを毎日使う私にとって、このテクニックが10年以上にわたってどれほどの時間を節約してくれたか計り知れない。あの期末試験のためにいくらかの時間を使ってショートカットを習得したおかげだといまも感謝している。

これらのコツやヒントは些末《さまつ》に思えるかもしれないが、私がこのテーマに1章をまるまる費やしたのは、自分自身の経験、そして何千人もの人たちと重ねてきた経験から、どれだけの時間を節約できるか、そしてその節約した時間によって、以前には想像しなかったほどのペースで生産性をレベルアップできるようになることを知っているからだ。

この章ではふだん使っているツールをパワーアップする方法について述べてきた。だが、どれほどすばやく動けるようになっても邪魔が入ることはある。次の章では、邪魔が入るまえにどう対処するか、邪魔が入ってしまったあとにどう対処するかについて説明しよう。

実践：生産性を上げるメソッド

■携帯電話やメールソフト、食洗機など、毎日使うものの使い方について少し考えてみる。20分ほどかけて「設定」を見直し、自分にとって役立つどんな機能があるのかを確認する。

■通知やツールを、見たいときに見たいものだけが表示されるようにカスタマイズする。見た目を自分好みに変えると使うのが楽しくなる！

■自分がよく使うプロダクトでとくによく使う上位3~5個の動作について、そのキーボード・ショートカットを習得する。日常の作業時間を節約できる。

第15章

邪魔するものに立ち向かえ

優先事項を決め、作業時間をとり、高いパフォーマンスをあげられる時間帯と場所を確保し、ツールを使いこなせるようになったのなら、もう成功したも同然……？ だがそううまくいくとは限らない。「邪魔」が入り込んでくる。序章で言及したように、エネルギーのフローとフォーカスによって時間の価値は向上する。完璧な仕事環境をつくり、時間とエネルギーを確保しても、集中力がなければアップタイムの効果は約束されない。

「没頭《ヘッドダウン》」「フロー状態」「ディープワーク」など、このごろよく見聞きするこれらのフレーズはどれも、「気を散らさずに集中している」状態を指す。昨今では集中力を維持することがむずかしくなっている。精神的に――しばしば肉体的にも――複数の場所で仕事をする私たちは、その複数の場所でいかにコミュニケーションをとり、協働するかを学んでいるところだ。一方で、生産性を向上するはずのテクノロジーそのものから頻繁に発せられる通知、アラート、割り込みに悩まされてもいる。カリフォルニア大学アーバイン校の研究によると、気を散らされたあとに人が集中力を取り戻すには平均23分15秒かかるという。[*24] 仕事のゾーン状態を続けるのは簡単でないのがわかる。

いったん邪魔が入ってしまったら、それを脇に追いやることはかなりむずかしい。通知音が聞こえたり、チャット、テキスト、メールが目に入ったりすると、それに注目せずにはいられない。だが対処法はある！　作業スペースにそもそも邪魔が入ってこないように、あらゆる手を尽くすのだ。

> 邪魔は入るまえに防ぐ。

集中するための仕事場づくり

第7章で説明した、自身のアシスタントとして行動する方法と同様に、邪魔に関しても、離れたところから第三者の視点で自分のワークフローを見てみよう。邪魔の入らない作業環境をととのえることは、「チャイルドロック」をかけることと似ている。

1週間、あなたの家に親戚の小さな子どもが滞在することになったと想定しよう。その子は、自分で歩くことができ、なんにでも触ろうとするが、大人の言い聞かせはよく理解できない。この場合、選択肢としては3つある。

1．とくに準備しない。1週間、ずっとその子を追いかけ、目を離さず、危険なことをしないように注意する。「抽斗《ひきだし》からナイフを出してはだめ！」「暖炉の火に触らないで！」「コンセントに指を入れようとしない！」などなど……。

2．安全な部屋またはエリアをひとつだけ決めて、子どもをそこから外には出さないようにする。

3．安全対策をする。あらかじめ暖炉の柵を閉め、コンセントを塞ぎ、ナイフ類の入った抽斗に鍵をかけ、床から危ないものを片づけ、子どもが家の中を自由に探検できるようにする。

3番目の選択肢を実行するには多少の時間がかかるが、そうしておけば、1週間をリラックスして過ごすことができる。2番目の選択肢は手っ取り早いが、制約が多く、日数が長くなると現実的な解決策ではなくなる。1番目は周囲の大人をひたすら疲れさせる。3日目ともなれば、忍耐力が枯渇していることだろう。脳がつねに活動していて、情報を取り込み、警戒し、その瞬間瞬間に何かをキャッチしてはそこに注意を向け直そうとする——エネルギーポイントは減っていくばかりだ！　当然、危ない状況が起こる可能性も大きくなる。
仕事での集中力にも同じことが言える。対応策には次のようなものがある。

1．とくに準備しない。すべての通知、メール、ポップアップ、メッセージ、開きっぱなしのタブに次々にアクセスする。スマートフォンは手元に置く。何かに注意が逸《そ》れてもすぐに切り替えられると期待する（研究によると、期待どおりにはなりそうもないのだが）。

2．作業内容以外のものがいっさい視界に入らない環境をつくる。チェックしなければならないプレゼン資料や契約書などは印刷して紙で確認する。Ｗｉ－Ｆｉにアクセスできない、あるいはふだん利用しているプログラムにサインインしていない別のコンピューターを使う（短時間ならともかく、長時間に及ぶのなら非現実的）。

3．あなた自身の秘書のようにふるまう。作業を始めるまえに、集中力を維持するための環境をととのえる。「未来の自分」の注意を逸らしかねない要因を考え、トイレに行き、おやつを食べ、飲み物を補充しておく。不要なウィンドウやタブをすべて閉じるか最小化し、必要なものだけを残す（私はこれを「ワンタブ作業」と呼んでいる）。ポップアップ通知をオフにし、メッセージアプリからサインアウトする。スマートフォンは、取りに行くのに20秒以上かかるような別の部屋に置く（ショーン・エイカーは著書『幸福優位7つの法則　仕事も人生も充実させるハーバード式最新成功理論』［徳間書店・2011年］のなかで、習慣を変えるための20秒ルールを紹介している。[*25] 何かをするのに20秒以上かかるのならそれをしない可能性が高くなり、20秒かからないのであればする可能性が高いという。邪魔になるものは、20秒以上かけないと取り戻せない場所に置くのがいい）。

想像がつくとおり、長期的に見て最も成功する（集中力を維持できる）のは3番目の対応策だ。はじめはパニックに近い感覚を抱くかもしれない。なぜなら、脳は「ゲーム・モード」を好み、次々に飛び込んでくる刺激（チャット、ポップアップの通知、メールなど）を次々に撃ち落とそうと構えているからだ。だがもちろんこれは、作業中のエネルギーポイントを多く消費する。空白のドキュメントと点滅するカーソルだけに向き合い、何かを書くというのは当初は「退屈」に感じるかもしれないが、退屈さを味わうことで集中度が高まるのだ。脳が最初のちょっとしたパニック（すべきこと以外にすることが何もない）を乗り越え、何も邪魔のない状態になると、すぐにゾーンに入り、より少ない時間で成果をあげられるようになる。

メールをシャットアウトする

メールの整理と管理方法については次の章で詳しく取り上げる。ここで言っておきたいのは、気を散らす要因という点から見た場合、メールを開いたときに「よかった！　何もしなくていい」と思うことはまずない、ということだ。多くの人のもとにメールはつねに届き続けている。仕事の達成や人生の充実に役立つ課題が補充されるという意味ではよいことにちがいないが、問題なのは、メールという掃除機がオンのままだと、それに吸い込まれてしまうことだ。掃除機がオンのまま、つまりバックグランドでメールのタブを開いていたり、スマートフォンで何度もチェックしたりすると、そのノイズに四六時中、気を散らされることになる。実際に何かをする予定がなかったとしても、なんとなく「何かあるかも」とメールをチェックしてしまう。メールを見るたびに、脳にその情報を受け取らせ、エネルギーポイントを消費し、集中が妨害されるおそれのあることを忘れないように。

コーチングの経験に照らすと、メールチェックは1日に2〜3回程度にしようと勧めるのは現実的でないと思う。仕事上すぐに対応する必要がある多くの人にとっては、メールの確認は頻繁にならざるをえない。代わりに、現実的で続けやすい習慣として、1日に1〜2回、メールソフトを閉じてメール以外の仕事に集中することを提案する。この小さな習慣は、日々の生産性を大きく向上させる。理想としては、メールソフトを閉じるこの時間を、集中力がピークにあり、邪魔されることなく物事を効率よく進められる時間帯、「パワー・アワー」に設定するといい。

マルチタスクよりシングルタスク

生産性の向上を目指す世界では、かつてマルチタスクが脚光を浴びていたが、いまではその非効率性が明らかになっている。大量に開発されたマルチタスクの実行を助ける生産性向上ツールも、いまでは集中力を高めて一度にひとつのタスクに取り組むほうへシフトしている。私のことばを鵜呑《うの》みにするまえに、次の実験を試してほしい。

1. 紙とペンか鉛筆、タイマーを用意する。
2. 次の文字列を書くのに要した時間を計る。

M U L T I T A S K I N G

1 2 3 4 5 6 7 8 9 10

3. 紙を裏返し、空白の面を上にする（元のテキストや本書のテキストを写せないように）。
4. 次に、同じ文字列を、今度はアルファベットと数字を最後まで交互に書いていく（つまり、M→1→U→2……という具合に）。
5. ふたつの書き方にかかった時間の差に注目する。

大人数でこの実験をおこなうときには、書き終わったら手を挙げるように伝え、最後のひとりが挙手した時点でタイマーを止める。紙の裏表を見るとできあがりはまったく同じだが、ステップ4にかかる時間は平均でステップ2の倍以上かかる。科学的とは言いがたいが、この実験から、ふたつのタスク間を行き来すると、作業時間が2倍以上になる可能性のあることが推測できる。脳を切り替えるのに余分な時間が必要になり、切り替えのたび（アルファベット、次は数字、またアルファベット、数字……）にエネルギーポイントが消費される。私たちが一度にふたつの事柄を実行しているときも同じ状態にある。「ええと、このドキュメントを書いて、次はメール、で、ドキュメントに戻って、今度はインスタントメッセージ、またドキュメント、そうそうスマホの着信もチェックしないと……」。同じドキュメントを作成するのに2倍以上の時間がかかるだけでなく、実際にはおそらく品質も低下しており、その過程でエネルギーを無駄遣いしている。

> 一度に複数をこなそうとするのは、
> 複数を中途半端におこなうということ。

ただし、マルチタスクに適した場合もある。成果物の質がさほど重要でなく、思考を必要としない単純作業を並行しておこなうときだ。たとえば、皿洗いをしながらポッドキャストを聴く。散歩中に電話に出る。出席しなくてもいい会議に電話で参加しながらメールをチェックする（第13章で、そもそもこうした会議は断るべきであって、あとで議事録を読めばいいと書いた）。集中力を養うことが効果的な一歩だが、集中力をより簡単に高めるのに役立つ瞑想のようなツールについてもあとの章で取り上げる。ここで憶えておいてほしいのは、重要なタスクがあって、それをなるべく短い時間内に、高い品質で仕上げたいのなら、一度にひとつのタスクに集中するということだ。

気を散らさずに作業するカギは、時間とスペースを確保し、「未来の自分」のためにアシスタントとして準備することと、シングルタスクであることを見てきた。皮肉だが、今日《こんにち》の仕事場で集中を妨げるおもな原因は、仕事を効率よく完了させるためのツールと重なる。つまり、コンピューターとスマートフォンだ。どちらも1～2世代前には存在せず、私たちは使いこなすための新しいルールを短期間で学ばなければならなかった。無数のプラットフォーム上で行き交う通知音、テキスト、チャット、メッセージは、価値のある情報と、邪魔な情報の果てしない大波を形成している。大波のなかでも特筆すべきはメールであり、メールについてはひとつの章を割く意義がある。次の第16章で掘り下げてみよう。

実践：生産性を上げるメソッド

■自身のアシスタントとなって、気の散らない環境をととのえる。邪魔になりそうな要因を事前に見つけ、対処する。いったん退屈さを味わい、脳の集中度を高める。

■メール／メッセージアプリを1日に何回か閉じ、オフラインの状態を体験する。とくにパワー・アワー中が効果的だ。

■マルチタスクは時間の損失につながることを自分に納得させる。「MULTI TASKING」実験の時間を計測し、データの裏づけを得る。

■タスクの品質が重要な場合には、シングルタスクを心がける。

第16章

メールの達人

私がクライアントと最初に仕事をするとき、ほとんどの場合、メールの使い方から始める。メールの扱い方は、個人によって大きく異なるからだ。仕事への不安の出発点になりえるし、ときには最大の苦痛ポイントにもなる。多くの人にとって朝、最初に目にし、寝るまえに最後に目にする（隣で寝ているパートナーも含めて！）のはメールだ。メールはときに「これにちゃんと返信したかな？」と夜中になっても人を悩ませる。受信トレイに入っているものは頭のなかにも残っている。

私たちの多くは、便利な非同期のコミュニケーション手段としてメールを使い始めたが、いまでは、最もどっぷり嵌《は》まり、最も時間を費やし、最もストレスを感じるものになってしまった。自分のToDoリストに他者から何かを追加される手段になってしまった。リモートワーク環境にシフトするにつれ、メールの件数は膨れ上がっている。ソフトウェア会社〈ハブスポット〉のデータによると、パンデミックによってリモートワークへの移行が始まって以来、メールの量は44％増加したそうだ。*26

電子メールは使い勝手に優れ、現代社会に不可欠なコミュニケーション手段だ。もし私がパワー・アワーで作業に没頭していて、相手が別のタイムゾーンで眠っている場合でも、プロジェクトについてメールをやり取りしておけば効果的に作業を進められる。プロジェクトに新たな要員を加える必要が生じた場合や、作業内容を共有する必要がある場合にもメールは記録として残っている。ドキュメントを複数人で同時編集したり、インスタントチャットを利用したりできる場面もあるが、それでもメールは通常のワークフローにおいて重要かつ必須の存在だ。

研究によると、仕事中の人は1時間に約11回、メールを確認している。[*27] その多くは、実際には何も行動につながらず、ただチェックしているだけ！　本書では、第14章で通知の設定をカスタマイズして邪魔を減らすことの重要性を強調し、第15章でメールを1日に1回か2回閉じることを勧めた。とくに重要なのは、メールチェックをすると決めたのなら、その時間を最大限に活用することだ。私たちはときに、未読のメールをランダムに開けたり、メールに付随する業務を半分だけ片づけて残りを放置したり、受信トレイをリフレッシュして新しいメッセージが届いていないか探したり、返信を途中まで書いてやめたりなど、終わりの見えない作業をだらだら続けることがある。そうではなく、メールを効果的に処理するコツを会得しよう。

私は、メールとのかかわり方を変えるための3ステップのプロセスを開発した（次の節で説明する）。このメール研修は数万人のグーグラーが受講しており、グーグルのなかでつねに高い評価を得ている。受講者からは「すごい、受信トレイにかかわる時間が30％減りました！」

「これまでよりずっと気分よくメールを扱えるようになった」「メールの管理が完全にできていると感じます」といった内容のメッセージが頻繁に届く。「研修を受けたあと、ぼくの反応が従来よりずっと速く、仕事をうまく処理していると、チームから認められた」「自分のメールを把握でき、何も見逃しがないとわかるようになったので、夜よく眠れるようになりました」という声もあった。

受信トレイを整理する3ステップ

これから紹介する3つのステップを順番どおりに実行することで、受信トレイをきれいに整理できる。ステップ1だけをおこなったとしても、はっきりとちがいを感じられるはずだ。ステップ2に進めば、さらによくなる。ステップ3を完了すれば、もう何もこわいものはない。メールを完全にコントロールしていると実感するようになる（いい気持ちですよ）！

1．見る必要のないものは削除する

受信メール数をまるで勲章のように自慢する人を何度も見かけた。「未読が890通も溜まった」とか「受信トレイに数千通ある！」など。このような場合、多くの同僚が返事のないことにイライラしているか、本当は必要のないメールが受信トレイに大量に届いているかのどち

らかを意味する。

たいていは後者だ。受信トレイに入っているのに開かないメールは、クローゼットにしまったまま着ない服のようなものだ。サイズが合わないとか流行遅れになったとかで着なくなったシャツが890枚あっても自慢にはならない。むしろ、着ない服があるせいで、着る服を選ぶのが余計に面倒になる。けっしてハンガーから外さない服でも、そこにあれば視線が引っ張られてしまう。着ない服がないほうが、着る服を選ぶのに使うエネルギーポイントがずっと少なくて済む。メールでも同様に、受信トレイにあるメッセージはすべて、たとえ読まなくてもあなたのエネルギーポイントを何かしら消費する。受信トレイに入ってしまうと、太字のフォントが脳に働きかけ、開くか開かないかに関係なく、なんらかの対応が必要だと勘違いさせてしまうのだ。

> 受信トレイに届いたメールは、たとえ一度も開かなくても、あなたの注意とエネルギーを少しずつ奪っていく。

ステップ1のゴールは、必要のないメールをできるだけ多く受信トレイから排除することだ。メールソフトのフィルタや仕分けルール機能を使い、それらが**受信トレイに届かないようにす**る。ところで、「受信トレイに届かないように」にいま目が留まったのは、太字で強調されていたからだろう。同じように、受信トレイに入って未読のままになっている（件名が太字で表示されている）メールにもつい目が行ってしまう。多くの人にとって、未読メールの大半はうっかり登録してしまったニュースレターやアラートだ。そういったメールを一気に捕捉したければ、「配信停止」や「ブラウザで表示する」などのキーワードで検索するといい。こうしたキーワードの入ったメールは通常、あなた個人に直接送られてきたものではなく、メーリングリストで一斉に送信されたものだ。今後、受信トレイに入らないようにするには、キーワードの入ったメールが受信トレイに届かないようにする仕分けルールやフィルタを作成するか、検索して見つけたメールの指示に従って配信停止の手続きを完了する。

タイマーを30分にセットして、できるだけ多くのメールを削除するゲームだと思って取り組んでみよう。本来見る必要のないメールを見つけ出し、今後同じことが起こらないようにする方法——フィルタの作成、送信者の遮断、メーリングリストの解除、スパムとしてマーク、など——を探る。不要なものを排除するのは、もう着ない服を処分するのと似ている。必要なものだけが表示されるように整理したあとは、受信トレイの確認から喜びと爽快感を味わえるだろう。

2. 本当に必要なメールを目立たせる

もし、会社のCEOから直接あなたにメールが届いたのなら、そのメールは、CEOが全社に一斉配信したメールとは体裁が異なっていなければならない。教授からあなただけに届くメールは、ゼミ生全員に送ったメールとは見た目がちがうべきだ。子どもの学校の校長からのメールも、毎週の学校便りとは区別できるようにしておこう。会議も出張も多い人は、メールの大部分をまずスマートフォンで受信することになるが、この受信トレイはパソコンの画面で見るよりも小さく、詳細情報も少ないため、すぐに開くべきメールと後回しにできるもののちがいがわかるようにする必要がある。メールを開くまえでも、その内容について「未来の自分」に多くを伝えられ、受信トレイを上から下までスキャンしてどれが重要かを見きわめなくていいようにするのだ。「VIP」「緊急通知」のようなラベルやフラグを設け、フィルタや仕分けルールを使って自動的に振り分けよう。Gmailであれば、「フィルタを作成」から、ルールに基づいてラベルを追加する使い方が考えられる。たとえば、マネジャーから直接送られてきたメールにはそれとわかるラベルをつけ、最大の営業顧客（@以下が同じメールアドレス）からのメールには明るい色で太字のラベルをつける（受信トレイに直接届くようにしつつ、他のメールとは異なる色にする）など。また、メールソフトに自動でフラグを立てさせ、優先順位づけを実行させよう。そうしておけば、メールを開くまえに、受信トレイに入っているものの全体像を一目で把握することができる。このような仕分けルールをいくつか設定することで、「未来の自分」が重要なメールを見落とすことなく、件名を読まないうちにある程度の優先順位を知る手がかりとなる。

3. 洗濯物を仕分けるようにメールを仕分ける

メールのことはしばらく措き、ほとんどの人がよく知っている洗濯の話をしよう。もし、次のようなやり方で洗濯物を扱うとしたらどうだろう。

- 乾燥機の扉を開け、シャツを1枚取り出す。
- そのシャツを畳み、上の階に行ってタンスにしまい、それからまた階下の乾燥機に戻る。
- 別のシャツを見つけ、それを畳んで、また上の階に行ってタンスにしまい、再び階下の乾燥機に戻る。
- ズボンは少し湿っていたので、乾燥機に戻す。
- 靴下の片方を見つけ、もう片方を探すのが面倒なので、上の階にもっていって靴下用の抽斗に入れ、階下の乾燥機に戻る。
- ズボンがあった――あ、これはさっき触ったやつだ。また乾燥機に戻す。
- 乾燥機のなかを空にするのが面倒になったので、新たに洗い終わった衣類を乾燥機に追加して、乾燥を開始する。
- 特定の服が必要になるたびに、他の衣類と一緒に乾燥機のなかにあるのか、洗濯し忘れたのか、タンスや抽斗に片づけたのかがわからず、パニックになる。

■ 1日中、乾燥機の扉を開けっ放しにし、なかの衣服を何度も見渡し、洗濯が終わっていないことを自分に思い出させる。

なんという効率の悪さ。エネルギーポイントの無駄遣いそのもの。ストレスを溜めまくる最悪の洗濯方法だ。でも、多くの人がメールをこんなふうに扱っている。濡《ぬ》れた服をまた乾燥機に入れる（未読に戻す）。乾燥機はけっして空にならない（受信トレイはゼロにならない）。洗濯物の詰まった乾燥機を1日中、何度も覗《のぞ》いては、片づいていない大きな山があることに気づかされる（1日に15回以上、メールをチェックするのに整理しない）。夜中に目が覚め、あのピンクのシャツはどこ、とパニックになる（重要なメールに返信したか、受信トレイのなかの重要なメールを見落としていないかと夜中にパニックになる）。

では、洗濯という比喩は、メール管理について何を教えてくれるのか？

■ いまから洗濯をすると決めるのと同じように、いまからメールに対処すると決め、そのための時間を確保する。中途半端にだらだらといじり回さない。

■ 乾燥機のなかを空にするように、受信トレイのなかにあるものすべてに一気に取り組み、完了させる。

■ 「畳む／ハンガーに掛ける／靴下をペアにする」のように、受信トレイのなかを「要返信

／読むだけ／あとで確認」などいくつかに仕分けする。

■「すべての洗濯物を畳む／すべての処理すべきメールを読む」のように、一度にひとつの種類の作業をまとめておこない、一括処理の利点を活かす。

■1着の服／1通のメールに触れるのは最大でも2回まで（最初に仕分けするときと、次に、畳む／返信するとき）とし、それぞれの服／メールに使うエネルギーポイントを最小限に抑える。

■仕分けする／読む／返信する、を別の活動として扱い、混ぜ合わせない（シャツを1枚畳んだら、次にワンピースをハンガーに掛け、その次は靴下をペアにする、のように混ぜ合わせてはいけない）。

■すべての服をハンガーに掛ける時間がない場合でも（すべてのメールに返信する時間がない場合でも）、掛けるべき服はまとまっている状態にする。緑のシャツ（上司からのメール）の場所を一時的に見失っても、一度触ったことがあるのでどこにあるかは予想がつく。

わかりやすい「洗濯カゴ＝ラベル」メソッド

乾燥機（メールすべてが入ってくるメインの受信トレイ）と、種類別に分けた洗濯カゴ（受信トレイの外のラベルやフォルダーなど）と同じように受信トレイを設定しよう。読んだメールでさらに対応が必要なものと、未読の新着メールを同じ場所に置かない。これを混ぜるのは、あとは畳むだけの乾いたズボンを、濡れた靴下と一緒に乾燥機に入れておくようなものだ。何がしたいのかわからない。複数の乾燥機をもつことも混乱の元だ。なかには、社内メール用の受信トレイ、社外メール用の受信トレイ、その他のメール用の受信トレイを分けるのを好む人もいる。だが、生産性向上に関する実証済みの原則として、チェックする場所が増えるほどプロセスは煩雑になる。もし家の外に９つの郵便受け――請求書用、広告用、個人宛てのメッセージカード、その他６つのカテゴリ用――があったら？　毎日、それぞれの郵便受けを見るなんて、どれほど面倒なことだろう。ひとつの郵便受けを毎日空にして、なかにあったものを家のなかで仕分けるほうがずっと楽だ。だから私は、受信メールの種別ごとに受信トレイを複数もつことはお勧めしない。

　Ｇｍａｉｌでは、「洗濯カゴ」としてラベルを作成し、あたかも複数の受信トレイがあるかのようにラベルを同時に表示し、「乾燥機」（メインの受信トレイ）と並べて見ることができる。他のメールソフトでもだいたいフォルダー作成機能がついている。次に示す作成すべき４つのＲ――基本的な洗濯カゴ／ラベル――は、メールに対してとることのできるアクションに基づいている。

1．要返信（Respond）

自分から回答する必要があり、そのために時間と労力を要する。
例：重要なプロジェクトの進捗状況を尋ねる上席者からのメール

2. 読むだけ（Read）

読みたい内容だが、返信は不要。
例：業界ニュースレター、参考情報、事例研究など

3. あとで確認（Revisit）

特定のタイミングまたは誰かの返信を待っているため、いますぐには対応できないもの。しばらく待機するか、フォローアップの必要があるが、自分のＴｏＤｏリストには入れない。
例：機器使用の承認が先方都合で下りず待機

4. リラックス！（Relax）

これで完了！　メールに適切な処理をし終えた状態だ。アクション項目が完了し、アーカイブに保存（あとで検索できる）、なんらかの参照フォルダーに移動、または削除がなされている。
例：チームメンバーからのプロジェクトの完了報告

要返信
To: あなた From: マネジャー **件名：プレゼン** 今日のプレゼン、じつによかった!!! 打ち合わせで話した変更箇所を反映して至急送ってください。 よろしく! ラナエシア

読むだけ
To: あなた From: モーニング・ニュース **件名：速報** クールティップ社に関する最新情報

あとで確認
To: あなた From: フィリペ **件名：許可証の件** おつかれさまです。 リクエストいただいたモバイル端末の使用許可、来週には承認がおりそうです。 もうしばらくお待ちください!

リラックス!
To: あなた From: チームメンバー **件名：グレートジョブ!** 例のプロジェクト、ついに終わりましたね。 みなさまとご一緒できて、たいへん光栄でした。 あらためて、ありがとうございました!

毎日のメールのワークフロー

ここで示すシステムに切り替えるには、一度だけ初期設定をする必要がある。まず、受信トレイにある処理が必要で未対応のメールをすべて「要返信」「読むだけ」「あとで確認」のどれかのフォルダー／ラベルに振り分ける。その後、残りのメールは一気にアーカイブするか削除する。これらのアクションが必要でないメールは、受信トレイに残しておかない（メールのファイリングについてはあとで取り上げる）。このシステムに切り替える作業そのものよりも、日々この構造をどのように活用するかを理解することのほうがより重要だ。仕分けし、読み、返信し、再確認することは、洗濯物を仕分けし、服を畳み、ハンガーに掛け、靴下をペアにする作業と同じように、それぞれを別の活動として考えよう。混ぜ合わせてはいけない。

毎日決まった時間（私は朝がいいと思う）に、受信トレイのメールを整理し、新着のメールをこれら4つのアクションに振り分ける。Ｇｍａｉｌの場合には、後続のメールに自動的に移動する「自動表示」機能やキーボードショートカットを活用してすばやく処理できる。この時間はメールを仕分けるための時間と考え、もし返信するなら、3分以内に終わるメールだけに返信する。この仕分け作業にかかる時間は、あらかじめ1日のスケジュールに組み込んでおこう。

受信トレイの中身を「洗濯カゴ」に空けるアクションを私は「受信トレイゼロ」（乾燥機が空

の状態）と呼んでいる。すべてのメールが取り出され、仕分けされた状態だ。これで、それぞれのメールに対して何をすべきかが明確になり、「未来の自分」をサポートすることができる。メールを開いたのに再び未読に戻してしまったら、あとでそのメールを再び開いて扱いを判断しなければならないため、「未来の自分」を苛立《いらだ》たせることになる。エネルギーポイントの無駄遣いでもある。「ええと、このメールは開いたっけ？」「返信したかな？」「何をすべきだったっけ？」と迷ってしまい、結局同じメールを何度も開く羽目になる。

「受信トレイゼロ」を達成したら、1日のなかで時間を確保し（デイリー・リストの「時間ごとのプラン」にも入れる）、「洗濯カゴ」を個別に処理する。このとき、各カゴの中身に対して何をすべきかだけを考える。たとえば、「要返信」カゴにあるメールだけに集中し、ほかのことはすべて無視し、返信のみをおこなう。メールを読むためにスケジュールした時間では、読むべきメールだけに集中する。受信トレイには、最後に仕分けした時点以降に届いた新着メールだけが入っているはずだ。1日に2～4回ほど追加で仕分けし、「受信トレイゼロ」の状態の維持を心がける。

メールにせよ洗濯物にせよ、「カゴ」に分けることで一括処理の恩恵が得られる。同じ種類の処理をまとめれば、作業の流れができて効率が高まり、使うエネルギーポイントも少なくて済む。シャツを5枚連続で畳むと、慣れてきてどんどん手際がよくなる。メールについても同じで、返信するなら返信する、読むなら読む、の作業を5通連続でおこなうほうが、1日のバラバラの時間帯にぽつぽつと1通ずつ処理するよりも、集中力が高まり、効率もアップする。

メールの「カゴ」分けは、自分のエネルギーポイントに合わせておこなうこともだいじだ。私の場合、じっくりと返信を練りたいメールがあって、「パワー・アワー」のあいだに中断されない時間を確保できたのなら、「要返信」カゴだけを切り離し、そこに集中する。ふたつの会議のあいだに15分間だけ休憩がある場合、「要返信」メールに対応するのはむずかしいかもしれないが、「読むだけ」カゴに飛び込んで業界ニュースをざっと読むのにはいい時間だ。1日の終わりや週の終わりには、「あとで確認」カゴの中身をさっとチェックすればいい。

カゴの中身を「要返信」や「読むだけ」などのどれかで対処し、カゴに残しておく必要がなくなったら、カゴから取り出してアーカイブするか、削除するか、フォルダーに移す。こうすることで、受信トレイと、次のアクションがタグづけされたメールだけを見ればよくなり、それらだけが「アクティブ」なメールということになる。メール対応の4つのアクションを組み込んだ「時間ごとのスケジュールの例」を次ページに示す。


ここで紹介したのは、押し寄せるメールの洪水をさばき、管理していくのに役立つシステムだ。とくに重要なのは信頼できる仕組みだということだ。ピンクのシャツ（来週までに返信しなければならない上司からのメール）がどこにあるのかを把握しており、必要なときに確実に取り出せるとわかっているため、穏やかな気持ちを保つことができる。いったん触ったけれども完

8:30	コーヒーを淹れる、机に向かう、受信トレイを仕分けしてゼロに（キーボードショートカットを使う）
9:00	「要返信」を開く、メールの返信に集中
10:30	会議
11:00	会議
11:45	受信トレイを仕分けしてゼロに
12:00	昼食
13:00	「要返信」を開く、メール返信を完了、メール以外の業務
13:30	会議
14:00	「読むだけ」を開く、記事を読む
14:30	会議
16:00	「あとで確認」を開く、返信できるものに返信、受信トレイを仕分けしてゼロに、帰宅

了していないものが「あとで確認」カゴに詰まっているとしても、「リラックス！」に行ったメールと同様に、状況を把握できているので不安を感じずに済む。カゴがあふれそうなら、追加の仕分け作業のために時間を確保すべきだと判断できる。この仕組みを構築すれば、受信トレイを完全にコントロールし、メールとのかかわり方を変えることができる。アップタイムを手に入れる道のりで、これはだいじな要素となる。

ToDoリストとのリンク

洗濯カゴ方式を使って受信トレイを管理し、逆三角形型のシステムを使ってToDoリストを管理すると聞くと、ふたつがどのように連携するのかと疑問に思う人も多いだろう。受信したメールのなかにアクションが必要なものがあった場合、その未完了の仕事は「要返信」カゴに入れるべきか、それともメイン・リストに入れるべきだろうか？　その人の職種やワークフローによって異なるが、ほとんどの人は同時にふたつのアクションリスト、つまりメイン・リストと「要返信」カゴをもち、両方を使い分けている。私のゴールデンルールは、「このアクションを完了するには、どこで作業をおこなうか」と問うことだ。必要な作業がメールへの返信なら、それを「要返信」カゴに残しておき、返信処理のリマインダーとする。メールに「新しいプレゼン資料を作成して同僚と共有するように」との指示が書かれていたなら、これはメール返信以外のアクションなので、メイン・リストに追加する（今週中に締切が来るならウィークリー・リスト、今日が締切日ならデイリー・リストなど）。

なかには、メール関連のアクションが少なくて、すべてメイン・リストに入れるほうが適している人もいるし、逆に、仕事の大部分がメールで占められるために、メールフォルダーだけを活用し、他のリストは使わない人もいる。チームでのおもなコミュニケーション手段がチャットなら、チャットを管理し、アクション項目をメッセージアプリから取り出してメイン・リストに移す場合もあるだろう。どんな方法が自分にとって最適かは状況によってちがうが、メールを使っているのなら、毎日の「時間ごとのプラン」の一環としてそれぞれのカゴに対応する時間をスケジュールに組み込んでおく（「読むだけ」「要返信」「あとで確認」のラベルをつける）。メール対応の時間を確保せずに、他の作業のあいだに無理に詰め込むという、よくある過ちに陥らないように気をつけよう。少なくとも1日に1回は、受信トレイとの「顔合わせ」をスケジュールする。

フォルダー分けはもう古い

メールにまつわる時間を節約するもうひとつの方法は、処理の完了したメールをフォルダーやラベルに分類するのをやめることだ。私がコーチングするクライアントには、完了したメールの一部または全部をフォルダーに分類する習慣をもつ人が多い。これは初期のメール利用方法のなごりで、当時は物理的なファイルフォルダーに紙の書類を分類することに慣れていたことからきている。4500枚の紙のなかから特定の語句が含まれる書類を探すのが容易ではなかったため、フォルダーを使った分類システムが必要だった。一方、メールなら4500通あっても簡単に検索できるので、すべてのメールをフォルダーに分類しなければならないと考えるのは時代遅れとも言える。実際、メールをフォルダーに分類してから探すよりも、必要なときに全体を検索するほうが少ないエネルギーで済む。IBMがおこなった研究によると、大量のメールのなかから情報を検索する場合、はじめからすべてのメールをフォルダーに分類してあとで探すよりも、54％の時間を節約できるそうだ。[*28]

完了したメールをフォルダーに分類する代わりに、あとで必要になる可能性のあるメールはすべて、Gｍａｉｌでいうところの「すべてのメール」のような大きな保管所にアーカイブしよう。使用しているメールソフトの検索機能をしっかり習得することもだいじだ。たとえばGｍａｉｌでは、特定の期間内、特定の送信者、特定のフレーズを含む／含まない、さらには添付ファイルのサイズまで指定して検索できる。メールをフォルダーに分類することにも意味はあるが、その利点は限定的だ。分類するなら、簡単に検索できる「上司からのメール」「子どもの学校からのメール」ではなく、「新しい営業プレゼン案」「試したいレシピ」といったまとめ方がいいだろう。役職をもつ人なら、チームメンバーごとにフォルダーを作成し、業績評価する際に参考になるメールをそこに保存することが考えられる。フォルダーへの分類やラベルづけは、検索しづらいメールや、特定のタイミング（たとえば、年次報告書をまとめるときや新しいレシピを試したいとき）で参照する必要のあるメールのまとまりに対して実行するといい。

即レスで評価を上げる

メールの送受信では、私は自分が受け取りたいと思うようなメールを書くように心がけている。短く、フレンドリーで、要点がまとまっていて、必要に応じて箇条書きが挟まり、依頼事項ははじめに掲げられ（場合によっては末尾でも再度要約される）、期限がある場合にはそれが明記される——こんなメールが最高だ。もし、本文に簡単に記述できたはずの情報へのウェブリンクが貼られたメールを受け取って苛立った経験があるのなら、その気持ちを憶えておいて、自分がメールを書く際にはリンクを貼らずに本文に情報を収めるように努めよう。Ｄｕｅｔ ＡＩ［グーグルの生成ＡＩで、現在の名称はＧｅｍｉｎｉ］のようなツールを使えば、言いたいことの出発点となる文章を作成することができる。たたき台を得て、内容を練り上げていくのだ。

すべてのメールに24時間以内に（少なくともなんらかの）返信をする。
ただし、すべてのメールを24時間以内に完了させる必要はない。

メールへの対応が悪い相手と喜んで仕事をしたがる人はいない。また、メールの非効率さの多くは、必要な返信を受け取っていない人が「確認」や「催促」のメールを送る羽目になることから生じる。あなたが返信しないでいると、通常は追加のメールが来る（さらにエネルギーポイントが必要になる）。第11章に出てきたように、プレッシャーはどんどん高まっていく。追加メールの次は、チャットで注意を引こうとし、やがてカレンダーに会議が追加されるかもしれない。このようなだらだらと続くやり取りを避けるためにも、メールにはすばやく返信しよう。ただし「返信する」は、要求されたアクションをすべて完了させることを意味しない。メールを受け取ったことを相手に知らせ、これからどうするのか、いつ完了の連絡をする予定なのかを伝えるということだ。返信の例としては次のようなものがある。

こんにちは！　リクエストを承りました。今週いっぱい検討する必要があり、来週お返事いたします。

ご連絡ありがとうございます。この件については来週火曜日に時間を確保していますので、来週の水曜日にあらためて連絡を差し上げます。

この件は承知していますが、いつ対応できるかは未確定です。1カ月が経っても当方からの返信がない場合には、遠慮なく催促してください。

このように、とりあえずの返信をすぐに送ってから「要返信」カゴに入れておくようにすれば、先方に「こちらのメールを見てくれたのかな？　忘れたのかな？　別のプラットフォーム経由で連絡し直したほうがいいかも」という余計な不安を与えずに済む。

また、作業を進めているときにはその進捗を伝えることも習慣にしよう。そうすることで、先方からの「確認」メールを防ぐことができる。

まだ承認待ち中なので、着手できずにおります。状況に変化があり次第、ご連絡いたします。

こんにちは！　忘れてないですよ！　進行中です！

先方は、メールがちゃんと読まれたかどうか、対応してくれているのか、いつごろ回答や成果が得られるのか、を知りたがっている。彼らは自分の声を聞いてもらえたと感じたい。メールへの返信の仕方（または返信しないという対応）は、職場内外での人の印象を大きく左右する。先回りして確認し、メールにすばやく返信する人は、「対応の早い人」として評価されるだろう。個人としても職場でも、このようなメール習慣をもつ人とかかわるのは誰もが好むところだ。メールに返信しない人と喜んで仕事をしたい人はほぼいない。

これまでの章で扱ってきたメール、会議、時間仕分け、集中力を削ぐ邪魔などの要素はどれも、現代の生産性にとってきわめて重要だ。これらのツールやテクニックを仕事に取り入れることは、生産性を上げ、ストレスを減らすだけでなく、職場以外の場面でもメリットを得られる。本書の最後のパート5では、もっと大きな視点から「未来の自分」を探っていくことにしよう。

実践：生産性を上げるメソッド

■フィルタと仕分けルールを使い、不要なメールをはじめから受信トレイに入れないようにする。

■VIP、重要なクライアント、重要なメーリングリストからのメールを目立たせる。

■3つの「洗濯カゴ」（要返信／読むだけ／あとで確認）を作成し、「乾燥機」（メインの受信トレイ）からメールをこれらのカゴに移し、「受信トレイゼロ」を目指す。毎日、カゴをチェックし、適切なアクションをとる。作業のための時間はカレンダーに確保しておく。

■メールをフォルダーに分類せず、メールソフトの検索機能を活用する。

■メールの受信確認、対応内容とその完了予定について知らせるメールをすぐに返信する。

■AIに作成させたたたき台をもとに、簡潔で要点を押さえたメールを書く。

PART

5

HOW

どうやって
未来の自分を
かたちづくるか？

第17章

ルーチンでストレスを軽減する

生産性向上ワークショップの主催、エグゼクティブ向けのコーチング、そして親としての経験から学んだことがひとつあるとすれば、それは人は決まった動作――ルーチンを好むということだ。年間の祝日の伝統、毎月の映画鑑賞会の夜、週に一度必ず食べる気に入りのメニュー、就寝前の儀式など、日々の暮らしにリズムを生み出すルーチンを、私たちは日々活用している。

２００６年のデューク大学の研究によると、毎日の行動のおよそ45％は習慣からなる。[*29] 最近、習慣（無意識でおこなう行動）を身につける方法や習慣をやめる方法に注目が集まっているが、私は習慣よりもルーチン（次の行動が自然と引き起こされる流れ）をつくることに着目したい。習慣には動機が必要だが、ルーチンはある意図のもとで自然に流れていくものだ。

第3章で触れたように、週のはじめに「今週も毎晩、食事の仕度をしなければならない」と思うと、気が重くなる。だが、「肉なしの月曜、パスタの火曜、スープの水曜、新レシピの木曜、テイクアウトの金曜」のように曜日ごとのテーマを決めておけば、食事の仕度が気楽に感じられる。すべきアクションの範囲が狭まり、献立を考えるための土台ができているからだ。

もちろん絶対的な強制ではないので、「パスタの日」にラーメンをつくってもいいし、臨機応変にメニューは変えられる。このやり方にずっとこだわる必要はない。水曜日に料理をしたくなければテイクアウトを買ってもいいし、とくに忙しい週には木曜日に新しいレシピに挑戦する気力がないかもしれない。それでも、本書で繰り返し言っているように、こうしたスケジュールをある程度実践することで、毎日の夕食づくりが楽になるはずだ。

　これらのタイプのルーチンが仕事やプライベートにどのような好影響をもたらすか考えてみよう。日々のテーマを設けたり、週ごとの流れや日ごとの流れをスケジュールにつくり出したりしたら、仕事やプライベートはどんなふうに動いていくだろうか。また、ピアノの練習など、スケジュールに追加したいことが生じた場合には、どうにかして時間をねじ込もうとするのではなく、簡単に実行できるようなルーチンをつくるといい。

ルーチン化するためのコツ

> 生産性の最大の障害は、実際にいつそれをおこなうかが不明のまま、ＴｏＤｏリストに何かを追加することだ。

前項で紹介したタイプのルーチンを私は「WHEN《いつ》：THEN《どうする》」と呼んでいる。新しい習慣を身につけるには、実際に行動を起こすためのきっかけが必要だ。さもなければ、いつまでも「そのうちやろう」と思っているだけの状態から抜け出せない。

私は20年間ピアノを弾いていて、新しい曲に挑戦したいという目標があった。プロのレッスンを申し込めば、通わなければならず、続けなければならないので、習得への流れがある程度できただろう。だがプロのレッスンを10年以上受けた経験のある私には新しい指導はとくに必要なく、自分で曲を練習することができる。必要なのは、時間とやる気を出すきっかけだった。多くの人にとって、「いつか」はけっして来ず、「本当はやりたいのだが」「ずっと気になってるんだけど」に薄まってしまう。壮大で野心的な目標、クリエイティブなプロジェクト、セルフケアは、「いつかやろうと思っている」カテゴリに滑り落ちていきがちだ。これらはとくに、「いつやるか」を明確にすることが重要であり、とりわけ、メイン・リストに長く残っている場合にはなおさら「いつ」がだいじになる。

新しいピアノ曲の練習のための「いつ」を考えると、私にとってのベストは夜だとわかった。その時間帯は子どもたちは寝ていて、世話を焼く必要がない（ありがたいことに、うちのピアノにはヘッドフォンがついている）。次に、その「いつ」が来たことを思い出させる合図を見つける必要があった。そこで、毎晩子どもたちを寝かしつけ、最後に娘の部屋を出たとき（娘を寝かしつけるのがいちばん最後）に、そのままピアノに向かうことにした。習慣づけのハードルを下げるため、スイスチーズ法を取り入れた。最初の目標は、娘の部屋を出て、ピアノの椅子に座ることだけだった。

はじめはただピアノのまえに真っ直ぐ行き、知っている曲を1曲弾いて終わりにした。5分もかからないこともあった。それでも、ピアノに寄らずに1階に下りて掃除をしたり、テレビをつけたりすることは自分に許さなかった。すぐに習慣になった。自分のアシスタントになった気分で、「(その晩の)未来の自分」が新しい曲を練習しやすいように、朝のうちに新しい楽譜を用意しておいた。新しい楽譜を見ると、椅子に座って数小節でも弾いていようかなという気持ちになる。飽きてしまって早々に切り上げる夜もあったが、気がついたら1時間弾いていた夜もあった。私のルーチンを理解した夫は、ピアノが終わるまでは私が一緒にテレビを見たり、ボードゲームをしたりできないとわかっているから、子どもたちが寝たあとで自分の時間をもつようになった。娘の部屋からピアノへ、という新しいルーチンを組み込んだおかげで、ピアノは私の日課となり、毎日のリズムの一部となった。新しい曲を弾けるようになったのは、はじめから新しいルーチンを娘の寝る時間(確実に毎晩起こる習慣)につなげたからだ。

2009年にヨーロピアン・ジャーナル・オブ・ソーシャル・サイコロジー誌に掲載された研究結果によると、新しい行動が自動化された習慣となるまでの平均日数は66日だそうだ。[*30]だが、明確な「いつ・どうする」ルーチンがあれば、ずっと早く習慣化できる可能性が高まる。私の場合には、毎晩、同じきっかけ(娘を寝かしつける)があったことが奏功した。

この「いつ・どうする」ルーチンは、どのような目標達成にも使える。「いつ」を曜日にして、たとえば「セルフケアの日曜日」を目指すのもいいだろう。自身へのプレッシャーを減らし、柔軟性をもたせるために、簡単なこと（日曜日には爪の手入れをするとか、長風呂に浸かるとか）から始めたり、もっと大きなこと（いずれは日曜日にスパの予約を入れる！）を目指したりできる。私の場合、すでに知っていて好きな曲を弾くという小さなことから始め、最終的には新しい曲を習得した。最初から新しい曲だけを弾くように決めていたら、途中で挫折していたかもしれない。

ルーチンの「いつ」には、曜日だけでなく、特定の時間や行動、きっかけも当てはめることができる。私自身の「いつ・どうする」ルーチンをいくつか紹介する。参考になるものがあれば幸いだ。

■「**いつ**」チームの月次ミーティングのあと――「**どうする**」その後30分を使って、現在取り組んでいることについてメモを残し、年次の業績自己評価のフォルダーに入れる（毎月の習慣にしたいと考えていたことだ）。
■「**いつ**」毎月1日――「**どうする**」飼っている犬にフィラリアの予防薬を与える。
■「**いつ**」月曜日――「**どうする**」家族全員分の洗濯をして、乾燥後の洗濯物を私のベッドの上に放り投げる。夜、就寝するまでにいやでも片づけざるをえない。

■「**いつ**」毎月第2土曜日——「**どうする**」夫婦でデートに出かける。

■「**いつ**」食料品の買い出しに行くとき——「**どうする**」リサイクルに出す資源ゴミを食料品店の隣にあるリサイクルセンターに置いてくる。

■「**いつ**」水曜日の夜——「**どうする**」CBSのリアリティ番組『サバイバー』を見ながら、爪の手入れをする。

■「**いつ**」ボスに週報を送るとき——「**どうする**」その週の情報に見落としがないか、メールの「あとで確認」フォルダーもさっとチェックする。

■「**いつ**」夕食をとり始める5分前——「**どうする**」5分のタイマーをセットして、子どもたちに夕食前におもちゃや本を片づけるように言う。

■「**いつ**」木曜日、娘の昼寝後——「**どうする**」創造性やアート感覚を育むおもちゃや画材を出しておき、娘がそれらを使って遊ぶように誘導する。

■「**いつ**」金曜日の夜——「**どうする**」家族でピザを食べ、一緒にボードゲームか映画を楽しむ。

■「**いつ**」毎晩歯を磨くとき——「**どうする**」ビタミン剤を飲んだり、肯定的自己宣言《アファーメーション》を唱えたりするなど、毎日続けたいと考えていることをおこなう。

■「**いつ**」火曜日——「**どうする**」家族全員で、夕食から就寝する時間まで、ノー・テク・ナイトとする(ノー・テク・チャレンジについては第18章で取り上げる)。

■「**いつ**」7月4日の独立記念日か元旦 ——「**どうする**」半年ごとにしたいと思っていることをする。家のフィルター類の交換、マスカラの買い替え、ソファのクッションカバーの洗濯など（半年ごとのToDoリストはたくさんある）。

■「**いつ**」自分の誕生日ウィーク ——「**どうする**」眼科検診や健康診断など、年に1回受けるべき診察の予約を入れる。

ルーチンがあるということは、何かをする時間と場所が決まっているので、タイミングが来るまでは、それを頭から追い出し、忘れていることができる。庭のカウチのクッションをそのうち洗わなくちゃ、とずっと気にしながら生活するのはつらい。けれども、半年ごとに洗うと決めておけば、ふだんの日はそのことを考えなくていいので、使うエネルギーポイントが最小限で済む。私にはこのシステムがうまくいっていると思う。前回の眼科検診に行ったのはいつだったっけ、と悩まないのは、誕生日の週と決めているから。こうしたリズムとルーチンは定着しやすく、人生を気楽で晴れやかなものにしてくれる。

「いつ・どうする」で記憶力アップ

「いつ・どうする」の連想法は、単発の記憶術としても使える。たとえば、旅行に出発する前夜、ベッドに横になっていたら、充電器を入れるのを忘れたことに気づいたとしよう。自分が朝に確実にするとわかっている行動と、「未来の（具体的には明日の朝の）自分」が忘れ物を思い出している様子をイメージしてみよう。そして、「鍵をフックから取るときに、充電器が必要だということを思い出す」と3回以上繰り返して自分に言い聞かせる。次の朝、鍵を取りに行くと、この関連づけが効いていて充電器のイメージが頭に浮かぶはずだ。何かを別の何かに結びつけることで、忘れなくなる。これは、私がキャプチャー・リストにアクセスできない状況にあるときに物事を記憶する方法として思いついたもので、いまではほぼ毎日使っているだけでなく、ほかの人にも教えている。

「いつ・どうする」の連想法は、家のなかの収納場所や整理法を決める際にも使える。たとえば、文房具の接着テープをどこにしまえばいいか決めかねている場合、そのテープがもしなくなったら、どこを真っ先に捜すかを想像してみる。そこが、実際に収納しておくべき場所だ。ルームメイトから「ねえ、テープが見つからないんだけど知らない？」と言われたときに、どこを真っ先にチェックするだろうか。そこが、実際に収納しておくべき場所だ。脳がすでにつくり上げている「『いつ』テープが必要なとき、『どうする』どこそこを捜す」という関連づけを利用して、その物にとっての自然な場所に置くのだ。

自然なスタートを切ろう

毎日、毎週、毎月、毎年起こる物事を頻度ごとにグループ分けして整理すると、生活をしやすくするだけでなく、「新しい始まり」の恩恵も得ることができる。ダニエル・ピンク著『When 完璧なタイミングを科学する』［講談社・2018年］のなかで、時間的区切りのもつパワーを使って、「誤ったスタート」を回避し、新鮮なスタートをきる方法が紹介されている。[*31] 月曜日、月の初日、元旦、新しい仕事の初出勤日などがこうした時間的区切りにあたる。人間の脳は、このようなタイミングを新しい始まりとして認識するようにできているので、ぜひそのパワーを活用したい。新しいルーチンを始める日として月曜日を選ぶほうが、木曜や金曜から始めるよりも継続しやすくなる。

ルーチンをつくり、「いつ・どうする」モデルを活用することで、ＴｏＤｏを憶えておかなければならないストレスや不安感を除くことができる。「いつかそのうち」やろうと思っているけれどもできていないことを実行するための時間と場所を見つけるのにも役立つ。ルーチンとリズムが定着するにつれ、邪魔の入ることが少なくなるため、したいこと・しなければならないことを実行するための精神的余裕が生まれる。ただし第15章で述べたように、私たちの周りにはつねにコンピューターなどのデジタル機器があり（今後も存在し続けるだろう）、ストレスや気の散る要因はすぐそばに待ち構えている。デジタル機器から離れる時間を少しでももつくることを、健康のためにも、アップタイムをより強力にするためにも強く推奨したい。次の章ではその話をしよう。

実践：生産性を上げるメソッド

■「いつかやろう」と思っているけれども、ずっと放置しているか、あいまいな未来に先送りしているものを見つけ、似たタイミングで起こる別の活動に結びつけてルーチンをつくる。

■「WHEN《いつ》：THEN《どうする》」の連想法を活用し、憶えておきたいことを定着させ、物の自然な置き場所を決め、行動を起こすきっかけにする。

■月のはじめや自分の誕生日など、新しいことを始めるのに適したタイミングを選んでルーチンを始動させ、定着を図る。

第18章

デジタルデトックスで余裕を生む

FOMO（Fear of Missing Out：取り残されることへの恐怖）ということばを聞いたことがあるだろうか。最近ではむしろ、JOMO（Joy of Missing Out：取り残されることへの喜び）の人気が高まっている。JOMOは、本当はたいしてフォローしたくもなかったメールやテキスト、ポッドキャスト、何かの予定を逃したほうが、かえって幸せを感じるという考え方だ。心理学専門誌『サイコロジー・トゥデイ』のウェブサイトに掲載されたブログ記事で、医学博士のクリステン・フラーは書いた。[*32]「JOMOは、いまこの瞬間にありのままの自分でいられるようにする。これは幸福を見つける秘訣だ。脳にある競争心や不安を解放すれば、本当に重要なことに費やす時間やエネルギーがはるかに増え、感情も豊かになる」

取り残されることは喜びである。

本書で何度も触れてきたように、心が静かな状態にあるときこそ魔法が起こる。新しいアイデアが生まれ、古いアイデアが組み立て直され、エネルギーが満ち、情報が吸収されて処理される。だがこうした静かな時間の多くに、騒がしいデバイスが侵入してきた。数百年前、馬の背に乗って遠出していた先人たちにとって、気をとられるものは大自然と、大気と、仲間の存在だけだった。現代の私たちは、友人との夕食中でさえスマートフォンに手を伸ばさずにはいられない。

より意識的で生産的な人生への旅は、テクノロジーとの関係を見直すところから始まると私はつねづね思っている。あなたは1日に何時間、精神的な静けさを自分に与えているだろうか。ちょっとした空き時間のたびにSNSやニュースをチェックしてはいないだろうか。あなたにとって朝の目覚めは1日の始まりか、それともメールチェックの始まりか。我が子と過ごしているときに、よその子どもたちの動画をつい見てしまうことはないだろうか。テクノロジーはたしかに便利であり、生活の多くのギャップを埋めてくれるが、それが自分の不利益とならないようによく考える必要がある。

ノー・テク・チャレンジ

私は新年の決意に壮大な目標を掲げるタイプではない（小さな変化を積み重ねるほうが効果的だと考えている）。しばらくまえに夫と私は、新年を迎えるにあたって小さな変化を自分たちに課すことにした。それは週に1日、夕食から就寝するまで、デジタルデトックスをするというものだ。ふたりで独自の「ノー・テク・チューズデー・ナイト」を始め、その夜はボードゲームやパズルで遊び、ときには屋外で過ごし、新しい趣味を楽しむなど、テクノロジーに浸らない活動をするようになった。

重大な決意をする必要はなく、続けるのも簡単で、楽しくリラックスできる時間となったため、この習慣を1年間続けることができた。火曜日の夜は私たちにとってとくに好きな時間となった。テクノロジーは仕事をするうえで非常に役立ち、人と簡単につながることができ、たくさんのことを達成するための手段を提供してくれる。だが、コンピューターであっても、長期的な運用には稼働時間中の再起動や電源オフが必要な場合がある。私たちのアップタイムにとっても同様で、週のうち一晩、デバイスなしで過ごすことで脳をリフレッシュさせ、エネルギーポイントを回復させ、長期的な生産性向上につなげることができる。週に一晩、JOMOの考え方を実践するだけでも、対面でのつながりを深め、ひとりで静かに考え、質のよい睡眠を得て、翌朝をリフレッシュした状態でスタートするための余裕を生み出せる。

毎週の習慣づけがうまくいったことで、グーグルの仲間たちにも同様の取り組みを促したいと思うようになった。そこで、これまでの章で示してきたアドバイスの一部を実践することにし、ムーブメントを起こせるように次の点を考慮した。

■小さな変化

スマートフォンを折り畳み式に換えるような斬新な変化を望む人は多くない。スイスチーズ法を当てはめて課題を分割し、スマホを3時間だけオフにするなど、管理しやすく達成もしやすい目標に絞る。

■「いつ・どうする」ルーチン

「週に一晩はスマホを触らない」と掲げるより「ノー・テク・チューズデー」と言い切るほうがはるかに効果的だ。キャッチーで、方向性が一目でわかり、リズムがよく、土台を与えてくれる。「**いつ**」火曜日の夜——「**どうする**」ITデバイスに直接触れない。私が火曜日を選んだのは、テクノロジーとチューズデーの両方がTで始まるから!

■自然なスタート

たとえば7月の中旬からこうした取り組みを始めるよりも、多くの人が生産性を意識して新しいことを始めようとする時期である、年初から始めるほうが自然な感じがする。

私は、この取り組みを1月から始めると決めた。

これらの洞察から、グーグルで毎年、「ノー・テク・チューズデー・ナイト」というチャレンジを始動することにした。1月と2月の火曜日（または、その人が選んだ曜日）の夜は、夕食から就寝までデジタル機器やスクリーンにタッチしない。過去5年間で2500人以上がこのチャレンジに参加し、その結果はすばらしいものだった。

私が入手したフィードバックのほとんどに、「はじめはつらかったが、やってよかった」と書かれていた。参加者からは5年間で次のようなコメントが集まった。

■スマホを手に取ろうとする回数の多さに驚いた。
■時間がこんなにあるのかと驚いた。
■睡眠の質がぐっとよくなった。
■テクノロジーがそばにあったらできなかったような、密で温かい人間関係を築けた。
■チームメンバー／マネジャー／同僚／友人が賛同してくれたうえに、一緒に取り組んでくれたことに励まされた。
■翌日にエネルギーが満ちているのを感じた。
■クリエイティブな趣味のための時間がやっととれた。
■取り組むべき課題を一晩寝かせることで、翌日によりよい解決策が見つかると実感した。
■家族、とくに子どもたちから喜ばれた。
■このチャレンジを長期的に続けたい／さらに拡大して取り入れることを考えている。

週1回のノー・テク・ナイトが、なんらかのかたちで自分の仕事やストレスレベルに肯定的な影響を与えたと感じる。

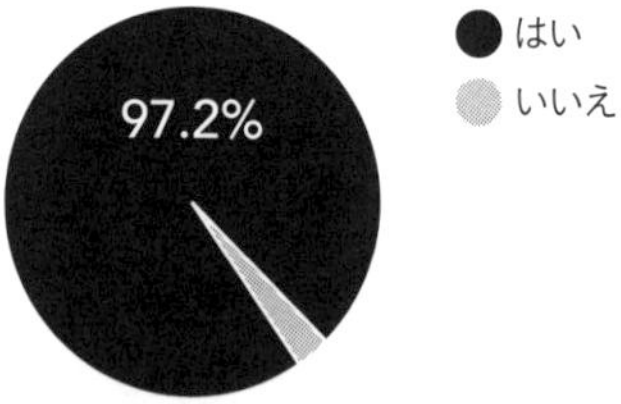

週1回のノー・テク・ナイトをこれからも続けたい。

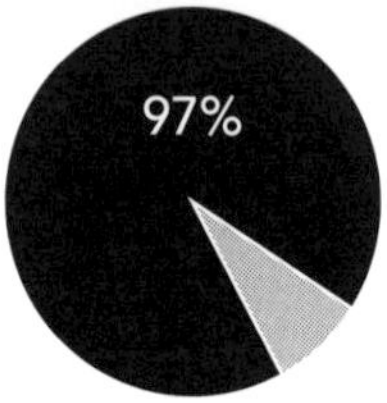

毎年、チャレンジ終了後に「はい／いいえ」で答えるふたつのアンケートを実施している。その結果は上の図のとおり。

参加者からの報告を読んで私はうれしかったが、意外ではなかった。彼らは、このチャレンジがストレス全般にとって、また幸福感やパフォーマンスにとってよい変化をもたらしたと報告し、大多数は継続の意思を示していた。なかには、初回開催時から5年間、毎週欠かさずに火曜日の夜に参加している人もいる。

定量的なフィードバックは多くを語るが、定性的なフィードバックはさらに多くを教えてくれる。

私がとくにありがたく感じたコメントをいくつか紹介しよう。

■『くまのプーさん』の作者の言う、「〝何もしない〟をすることは最高の何かにつながる」の意味が、4週間経ってようやく理解できた。

■睡眠が改善され、すばらしいアイデアやインスピレーションを得ることができ、とてもいい気分。火曜日が好きな曜日になった！

■このチャレンジは自己反省の機会にもなった。デバイスにどれだけの時間を費やしているか、そしてスクロールや更新、通知チェックの果てしないサイクルにいかに無意識に巻き込まれていたかを思い知った。

■ノー・テク・チューズデーの始まりを知らせるアラームが鳴ったとき、解決しようとしていた仕事上の問題に取り組んでいた。いつもの私なら、夜中まで何時間も頭を絞っていただろうが、今回は電源を切った。水曜日の朝に目が覚めたら、最高の解決策が思い浮かんだ。脳を休ませたおかげだ。

■意外だったのだが、子どもたちはとても喜んだ。毎晩、子どもたちがデバイスを使っているのは、私が使っていたからだと気づいた。13歳の息子とパズルをしたり、最近ではめずらしく、深い話をしたりすることもできた。

デジタルデトックスのアイデア

完全なノー・テク・ナイトは、自分にはまだハードルが高いと感じるかもしれない。それでいい。スイスチーズのように分割して、週や日々の小さな習慣を見つけて定着させるだけでも、人との深いつながりや精神を明晰《めいせき》にする瞬間を手に入れることができる。私が気に入っている、デジタルデトックスのためのヒントを紹介しよう。

■就寝の少なくとも1時間前にはスマホを寝かせる。
習慣づけのために、アラームを設定するなどしてスマホを手から離すことを忘れないようにする。決まった場所の充電器につなぐのもいい。

■寝室の外にスマホの居場所をつくる。
緊急時に備えて音が聞こえるようにしておきたい場合には、マナーモードを解除し、音量を大きくしておこう。寝室の外に置けない場合には、寝室内のなるべくベッドから遠い位置に置き、手に取るのに少し努力が要るようにする。

■朝、スマホに触るまえに何かひとつ行動するように習慣づける。コーヒーを淹れる、シャワーを浴びる、着替えるなど。

■スマホをもたずに過ごす短い時間をつくる。ちょっとした散歩に出かけるとき、子どもを寝かしつけるとき、ランチ休憩のあいだなど、短時間でもスマホから離れた場所で過ごす。脳を休ませてすっきりさせ、スマホ以外の考えるべきことを脳に「染み込ませる」時間にしよう。

■テクノロジーに触れる時間を別の活動と引き換えにする。夜にデジタル機器に触れるには、そのまえに15分間、何かをしなければいけないというルールにする。たとえば、平日の夜にテレビを見るには、そのまえに15分間、編み物をすると決めるのだ。簡単に続けられるように、短めの時間設定にしよう。

■スマホやパソコンの背景画像を、草原や白い色の無地など、つまらないものにする。なぜか？　ただの青一色の画面にはおもしろみがなく、ペットの愛らしい写真を見るときのような幸せな刺激に乏しいからだ。さらに進めて、スマホの画面をグレースケールにすることもできる。手に取りたい気持ちをいっそう萎えさせるだろう。

■スマホからSNSやニュースアプリを削除し、パソコンでのみ閲覧する。少しアクセスしにくくすることで、習慣でなんとなく使ってしまうのを防ぐ。親指ではなくマウスでスクロールしなければならないことも、面倒に感じさせる。スマホにアクセスする時間帯をスケジュール設定するか、時間制限を設けるのも一方法。

■通貨方式を採用する。屋外で過ごした時間1分ごとに、画面を見る時間《スクリーンタイム》1分を稼ぐ（かかりつけの小児科医が著書のなかで子ども向けに推奨していた[*33]）。テレビ番組を1時間見たければ、1時間外に出ることを自分に課す。

■ほかに、昔ながらの目覚まし時計を使う、固定電話を使う、スマホを「休ませる」ためのタイマー解錠式ボックスを用意する、など。

デジタルデトックスは、たとえ週のうち一晩でも、仕事やプライベートで充実したときを過ごすための精神的な余裕を生み出し、同僚や家族、自分自身との社会的・感情的なつながりを深めることができる。脳の霧を晴らし、再起動し、燃え尽き症候群を防ぎ、アップタイムを育む。これらの小さなステップにより、週のなかでさらに劇的なかたちでデバイスから離れるようになったり、デバイスをより有意義でより意図的に利用できるようになったりする。ほんの小さな変化でも、大きなちがいを生むのだ。次の章では、小さな変化を起こす別の例として、朝のスタートの仕方を変え、1日の方向性をコントロールする術《すべ》を見ていこう。

実践：生産性を上げるメソッド

- 1週間のなかで、現実的にできそうな曜日を選び、夕食から就寝までデジタルデトックスする。何が起こるかを観察し、効果に注目する。
- 1日のなかで少しずつ、デジタル機器を使わない時間を見つける。これが習慣化してきたら、テクノロジーにかかわる習慣全般に変化があったかどうかを振り返る。

第19章

心をととのえるヒント

「ノー・テク・チューズデー」チャレンジが成功したあと、私はそれに「ウェイクアップ・ウェンズデー」という要素を加えることにした。テクノロジーから離れて穏やかに過ごした火曜日の夜（そして良質な睡眠）の波を、翌朝もさらに1時間引き継ごうというアイデアがベースになっている。朝、目覚めてから30分～1時間、テクノロジーを使わずに自分のやりたいことをして、その日の調子をととのえる。ほかのことを始めるまえに、まず自分のために何かをするように促すのだ。このシンプルなルーチンが、残りの1日を過ごすためのエネルギーポイントを高めてくれる。

朝のこの30分間を、私は自分の名をとって「ローラ30《サーティー》」と呼んでいる。家族が起きるまえにベッドから出て、30分間、デバイスを使わずに好きなことをする。だいたいは瞑想から始める。それから、本を読むこともあれば、ヘッドフォンをつけてピアノを弾いたり、肯定的《アファー》自己宣言《メーション》カードを見たり、日記に何か書いたりすることもある。その日に運動できないことがわかっているときには、その時間に身体を動かすこともある。ポイントは、この30分をルーチンにすること。ほかの人のために何かをするまえに、自分のしたいことをする時間だ。事前に何をするかをいつも計画しているわけではない。その日の朝、気分に合わせて決めることが多い。

30分ほどのその枠があると、「ベッドから転がり起きて、メールをチェックし、母親モードになり、仕事モードになり、また母親モードに戻る」というような慌ただしい朝を送らずに済み、1日全体に好影響を与える。そのあとでほかに多くの仕事をこなすにしても、まず朝一番に自分のために時間を使った、人のためにエネルギーを注ぐまえに自分のカップを満たした、という充足感が得られるのだ。夜、起きている時間を30分早く切り上げて就寝したとしても、夜の過ごし方にはさほど大きなちがいはない。だがその30分を翌朝に回すことで、誰にも邪魔されない時間を確保でき、それが1日に大きなちがいを生む。睡眠時間の反対側に位置する同じ30分が、私の1日にすぐさま、ポジティブな影響を与える。

グーグルの同僚にこの「ウェイクアップ・ウェンズデー」チャレンジを提案したら、すばらしいフィードバックが届いた。

■「ノー・テク・チューズデー」も好きだったが、「ウェイクアップ・ウェンズデー」はさらによかった。私はふだん、朝起きてすぐニュースを読んだり、通知を確認したりする習慣がある。けれど、起きた直後にスマホを見ないほうが、1日を通して集中力が続くように感じた。

■以前は起床直後の時間を、通知を確認したり、SNSを閲覧したり、急ぎではないメールを眺めたりしていた。「ウェイクアップ・ウェンズデー」では、気を散らしてくるそうしたものがないおかげで、私の朝のルーチンが速く進み、より新鮮な気持ちで仕事に取り掛かれるようになった！

自分だけの朝の時間

朝が苦手な人にも、「何かをしなければいけない」と思うまえに1日を始めることを強く勧めたい。1日の最初の出来事が、アラームに急《せ》かされることではいけない。自分のペースで1日を始めよう。子どもの世話や、電話会議、犬の散歩のために、むりやり起こされるべきではない。そのまえに15分でもいいので自分だけの時間を見つけてほしい。

> 朝を制すれば、1日を制す。

朝は、生産性の向上を気にしたり、大きな仕事を成し遂げたりする時間でなくていい。グーグル社およびアルファベット社のスンダー・ピチャイCEOの朝は、シンプルなルーチンで始まる――オムレツとトースト、紅茶、紙の新聞。あなたにとって、朝に何をするかというよりも、意図と一貫性をもって1日を始めることのほうがたいせつだ。

成功者と呼ばれる人が早起きなのには理由がある。必ずしも朝5時から起き出さなくていいが、前の晩に少し早く寝て、その日の最初のToDoよりもまえに1日を始められれば、自分にとってたいせつな何かを先に成し遂げられる可能性が高くなる。ゲームをプレイしたり、SNSをスクロールしたり、テレビ番組を見たりしてなんとなく夜更かしする人は多いが、自分の自然なリズムに合った朝の時間を見つけて最大限に活用しよう。

ただし、睡眠のパターンを変えるには時間がかかる。早起きがつらいと感じるなら、ここでもスイスチーズ法を取り入れ、まずは数日間、ほんの5分だけ早く起きてみよう。その静かな5分間のメリットを感じたら、時間を少しずつ増やす気になるかもしれない。1週間だけ、朝一番に自分の好きなことを30分試してみるのもいいだろう。1週間の終わりに、どう感じたかを書き留め、それからも続ける価値があるかどうかを自分に問いかける。早起きしたくなるようなことを、朝一番の30分のために選ぼう。私にとっては、ひとりだけで過ごす時間だ。夫にとっては、シナモンロールを食べるか、ウォール・ストリート・ジャーナル紙を邪魔されずに読む時間だそうだ。

心地よい1日を始める朝の工夫

ストレスが少なく充実した1日を過ごせるように、自分だけの時間を朝に少しとることに加え、次の3つを勧めたい。

1. 音楽

音楽はムードをつくる。ふだんはあまり意識しない、場の雰囲気というか、バックグラウンド・フィーリングをそっととととのえてくれる。集まりやパーティーに行ってみたら、どことなく雰囲気がぎごちなかったことはないだろうか。おそらく、無音だったか、場に合わない音楽が流れていたのだろう。私はイベントプランナー時代の経験から、ふさわしい音楽が雰囲気を盛り上げたり壊したりすることを学んだ。朝食時や身支度中にかける、リラックスする朝用のプレイリストを作成しておこう。時間が来たら自動的に再生するようにスマートデバイスにセットする。うちのキッチンでは、朝食をとりに子どもたちが下りてくるころ、ディズニーのインストゥルメンタル音楽が流れている。

2. 照明

明るくて強い光ほど早朝の脳にストレスを与えるものはない。だからこそ、1日の最初の数分間はデバイスを使わないことや、家の照明を調整することに大きな意味がある。光を柔らかくしたり、天井の照明の代わりにランプを使ったり、キッチンの戸棚の下の電灯だけをつけたりしてみよう。子どもたちの部屋ではカーテンをまず開けて、自然光で彼らを目覚めさせる。私自身も、太陽が自然にのぼる様子を真似《まね》て、目覚める時間に向けて徐々に明るくなるアラーム時計を使っている。

3.「未来の自分」への贈り物

「過去の自分」が「未来の自分」のために、ストレスのない、心地よい朝を迎える準備をしてくれていたことに気づくと、うれしくなる。昨夜のうちに食洗機の中身を空にして、学校のランチをこしらえ、仕事用バッグの中身をそろえ、今日着る服を選んであることは――何かがすでにできているというのは、じつにすばらしい。私は、子どもたちが階段を下りてくるときに、新しい1日への招待状となるような、何か楽しいことを用意するようにしている。朝食の準備がすでにできていることや、牛乳のコップが出ていること、朝食ができるまで遊べる塗り絵とクレヨンを用意していることなど。すでに用意されているものに出迎えられると、子どもたちは気分がいいし、私も同じように感じる。私の場合、前夜のうちにコーヒーのタイマーをセットし、朝起きたらすぐに飲めるようにしている。コーヒーの香りは脳を早く覚醒させる効果があるから（第10章で取り上げた「状態依存記憶」のすばらしい例だ）。考えるだけで満たされた気分になる！

時間がないときこそ瞑想

もし街角で誰かに、生産性を高めるための行動をひとつ挙げろと言われたら、私はリストや時間管理については触れない。毎日、瞑想する時間を見つけることだと答えるだろう。なぜ、何もせずに10分間過ごすことが、あらゆることに役立つのだろうか？　定期的な瞑想には次のような効果があるからだ。[*34]

- 血圧を下げる。
- 精神をクリアにし、集中力を高める。
- パフォーマンスを向上させる。
- ストレスを軽減する。
- 睡眠の質を改善する。
- 不安を和らげ、記憶力の低下を食い止める。
- 注意力を持続させる。

これらすべてがひとつの同じ活動によって、しかも1日わずか10分間で達成できる！
ときに瞑想は、「心を穏やかにする」ためのものとしてとらえられることがある。たしかに真実ではある。だが、たんなるリラックス法にとどまらない、精神を鍛えるトレーニングでもあることを憶えておいてほしい。歯磨きが口腔《こうこう》衛生であるのと同じように、瞑想は精神衛生なのだ。思索と思索のあいだの静かな空間を見つけることだ。集中するための最速の方法であり、脳を訓練する近道でもある。霧のなかを力で突き進むのではなく、霧から抜け出すことだ。100個のサツマイモを切るまえに、ナイフを研ぐことだ。最も重要なのは、瞑想は、脳が生産的なアップタイム状態にアクセスする最速の方法だということだ。しかもそれには1日に10分しかかからない。

「10分瞑想する時間がないなら、20分瞑想しなさい」——禅の格言

瞑想の時間がないときこそ、じつは最も瞑想が必要なときだ。10分瞑想することで、1時間でまるで2時間分の仕事をしたかのように感じられるだろう。愛する人たちと過ごす時間を延ばし、その瞬間を心から楽しむことができる。自分の結婚式の日、人生の幸せな節目を経験するにあたって私は、精神を澄み切らせて臨みたかったので、早起きして瞑想した。瞑想するこ

とがあたりまえの日常になるにつれ、1日の流れや頭に浮かぶ考えの質に大きなちがいが出てきた。たとえば朝5時に起きて空港に行かなければならない場合でも、瞑想タイムをとるようにしているのは、それがどれほど1日に影響するかを知っているからだ。

瞑想のメリットを感じるには、ジムでのトレーニングと同様、ある程度の時間がかかる。1日では成果を感じられないかもしれないが、10日後にはうっすら感じるようになり、1カ月が経つころにははっきりとメリットが表れているだろう。スタートするには、スイスチーズ法に則《のっと》って小さい区切りをいくつか試し、実行可能な出発点を探る。1日10分が長すぎて無理と感じるのなら、1日2分ではどうだろう？（始めてみたら結局、10分座ることになるのかもしれない！）瞑想の種類はなんでもいい。ガイドつき瞑想、マインドフルネス瞑想、瞑想音楽。初心者をガイドしてくれる本やアプリ、オンライン動画もたくさん出回っている。10分間静かに座ってエアコンの作動音を聞くだけでもいい。私は川の流れる音が好きだ。重要なのは、集中しないことに集中すること。さまざまな種類の運動と同じように、自分の好きな瞑想法を見つけると、継続できる可能性がはるかに高くなる。

定期的な瞑想は「いま、ここ」をより強く感じさせ、1日の瞬間ごとのあいだにスペースをつくり出し、一つひとつの経験の細かい部分を引き出す。たとえば、仕事では会議中に非常に集中している自分に気づいたり、近づく締切やとりわけ長いToDoリストにあまりストレスを感じなくなったり、より多くのクリエイティブなアイデアや研ぎ澄まされた精神を得たりできる。これらはどれも定期的な瞑想の成果だ。私は同僚のひとりに瞑想を勧めたことがあり、2～3週間ほど毎日実践したあとで彼は、「雲の上にのぼった」感覚が少し出てきて、仕事の悩みや忙しさがあってもそれらに影響されにくくなり、新しい視点で全体をくっきりと見られるようになったと言ってきた。

脳をほぐす方法

ある種の活動が瞑想のような状態をつくり出すことがあり、瞑想そのものだけでなく、そうした追加の活動も有益な可能性がある。これはジムに行って運動することと、アクティブな生活を送ること（補助的な活動――犬の散歩やハイキング、サイクリング、階段ののぼりおりなど）の関係に似ている。編み物や楽器の演奏、パズルのような単純な活動でも、脳がアクティブな状態になり、集中力を高める助けになる。何も考えないことに集中する時間（瞑想）ほど強力ではないかもしれないが、多くの人は、瞑想に隣接した活動も集中を促し、精神をより明晰にしてくれると感じている。

私は毎年、「1週間に1冊（ワン・ブック・ア・ウィーク）」という読書チャレンジを開催している。グーグラーに、ある四半期のあいだ、だいたい毎週1冊のペースで本を読むように促すものだ。始めたきっかけは、あるとき、世界でトップクラスに生産性の高い人たちがこの習慣をもっていると知ったことだった。定期的な読書は、注意力トレーニング、新しいアイデアへの接触、脳のスペースづくりによい影響を与える。ある調査によると、毎日わずか6分間の読書でも、ストレスレベルを68％低下させ、精神をすっきりさせ、身体の緊張を最小限に抑えられるという。[*35] 多くの参加者が、読書チャレンジの期間は、人生のあらゆる面に照らして、その年の最も生産的な時間になると言う。ふだんよりも「毎週1冊の本を読む」というＴｏＤｏが増えていることを考えると、予想外の結果だ。高い成果が出るのは、彼らがより集中し、時間配分により慎重になり、読書によって脳の集中力を鍛え、読書時間を捻出するためにＳＮＳやテレビや余計な仕事をはね除けているからだ。生産性と幸福が手を取り合って進むすばらしい例だ。自分のベストを尽くし、最大の成果を発揮するには、充分な休息と栄養をとり、読書などのさまざまな活動で脳をリラックスさせることが肝要だ。

集中力を高めるマインドフルネス

朝の「自分のための30分」ルーチンをまだ見つけていなくても、1日のうちでほんの短時間でも――なかには1秒しかかからないものもある――マインドフルネス（ただ目のまえの物事に集中する状態）を感じる方法はいくつかあり、平和な朝の魔法のような効果を再現することができる。

■目を閉じて、熱い飲み物の最初の一口を味わう。

■シャワーの栓を止めるまえに温水の最後の瞬間を味わう。

■朝の運転の最後の1分間で、車の音楽やラジオ、ポッドキャストをオフにし、すべてが完璧に進んだときの1日がどうなるかをイメージする。

■会話中または交流中の相手の目を真っ直ぐに見る。

■デバイスなしでひとりで食事か間食をとり、味蕾《みらい》の感覚に集中する練習をする。

■歯磨きのタイミングや、1日の始まりと終わりの時間を、配偶者やパートナー／子ども／ルームメイトとの時間に使う。1日の最初の挨拶やその日の最後のひとときをたいせつにする。

■ハグをしているときはその瞬間を充分に味わい、けっして自分から先に身体を離さない（私は子どもたちといつもこうしている！）。

■次の曲にすぐ飛ぶのではなく、曲全体やアルバム全体を聴く（そうしないと、全体をどれだけ好きだったか忘れてしまう）。

■日ごろからすでにおこなっていることに対して「いつ・どうする」ルーチンを活用し、感謝という行為を加える。たとえば、「いつ」靴を履くとき――「どうする」感謝していることをひとつ考える。「いつ」手を洗っているとき――「どうする」手に当たる水をありがたく感じ、いまの瞬間に意識を集中する。

■家を急いで出ていくとき、ドアのところで一度立ち止まる。いまの瞬間に意識を集中し、その日の残りの時間に向けて心の準備をしつつ、深く息を吸う（パートナー／配偶者／家族とそろって出ていく場合には、手をつないで一緒にやってみるのもいい！）。

ここに挙げた小さなステップはどれも、日常に安らぎと感謝をもたらし、マインドフルネスのルーチンとなりうる。時間のかかる、何か巨大なものである必要はない。この章で提案した朝のルーチンとマインドフルネスの練習は、デジタルデトックスと合わさって、生産性を高め、アップタイムを最大活用するのを助けてくれる。

次が最後の章だ。自分がアップタイムにいると実感するのはどんなときだろうか。

実践：生産性を上げるメソッド

■「自分のための30分」を朝一番につくり、その日に気分に合わせて、好きなことをする。
■毎日の瞑想習慣をととのえる。小さいことから気軽に始める。
■朝の始まりは、リラックスする音楽、柔らかい照明、そして心地よいこととともに。
■1日のなかで少しの時間を見つけ、頭を冴えさせるためのマインドフルネスを実践し、それをルーチンにする。

第20章

「アップタイム」を手に入れた先に

これまでの章を経て、あなたはすでに「どの」仕事にフォーカスするか、「いつ」その仕事を実行するか、「どこで」その仕事をするのが最良か、「どのように」その仕事を遂行すれば高い成果をあげられるかを知っている。それらに取り組みつつ、豊かに生きるための心構えもセットできた。

充実し、成功している人たちは、平均的な人よりも時間を意図的に使うことができる。そしていままでは、あなたも同じようにできるツールを手に入れている。流れに沿う感覚があるから、日々、より自然に楽に実践できるようになる。川の流れに運ばれているかのように、同じことを少ないエネルギーポイントで実行することができる。

生産的であるのはむずかしいことではない。忙しさをコントロールし、1日をハッピーに過ごし、アップタイムを手に入れて自分の時間を掌握するのだ。

小さな変化、大きな影響

重要なのは、この本で得たヒントをわずかにでも全面的にでも、とにかくなんらかのレベルで適用すれば、生活にも仕事にも変化が起こるということだ。境界をひとつだけ設けたり、集中スポットをひとつだけ見つけたり、つくったカレンダーのテンプレートで全体の時間の50％がカバーできただけでも、これらの変更はすべてちがいを感じさせてくれる。

> 速さよりも、向かう方向がたいせつだ。

円の中心を車が走っているところをイメージしてほしい。その車はあなたであり、あなたの仕事であり、いまの目標は、円周上にあるアップタイム地点に到達することだ。ハンドルをほんの少しどちらかに回してそのまま真っ直ぐ進むと、円周のまったくちがう地点に到達する。この、方向／コース／そこに向かう意図のほうが、仕事の速さや、どれだけの仕事量をこなしているかよりもはるかに重要だ。最終的に到達する場所のほうが、どれだけ早くそこに着くかよりも、ずっと重要なのだ。ここまで取り上げてきたさまざまな工夫は、小さなハンドル操作のように考えることができる。優先事項を設定することで、重要なことに集中できる。自分の

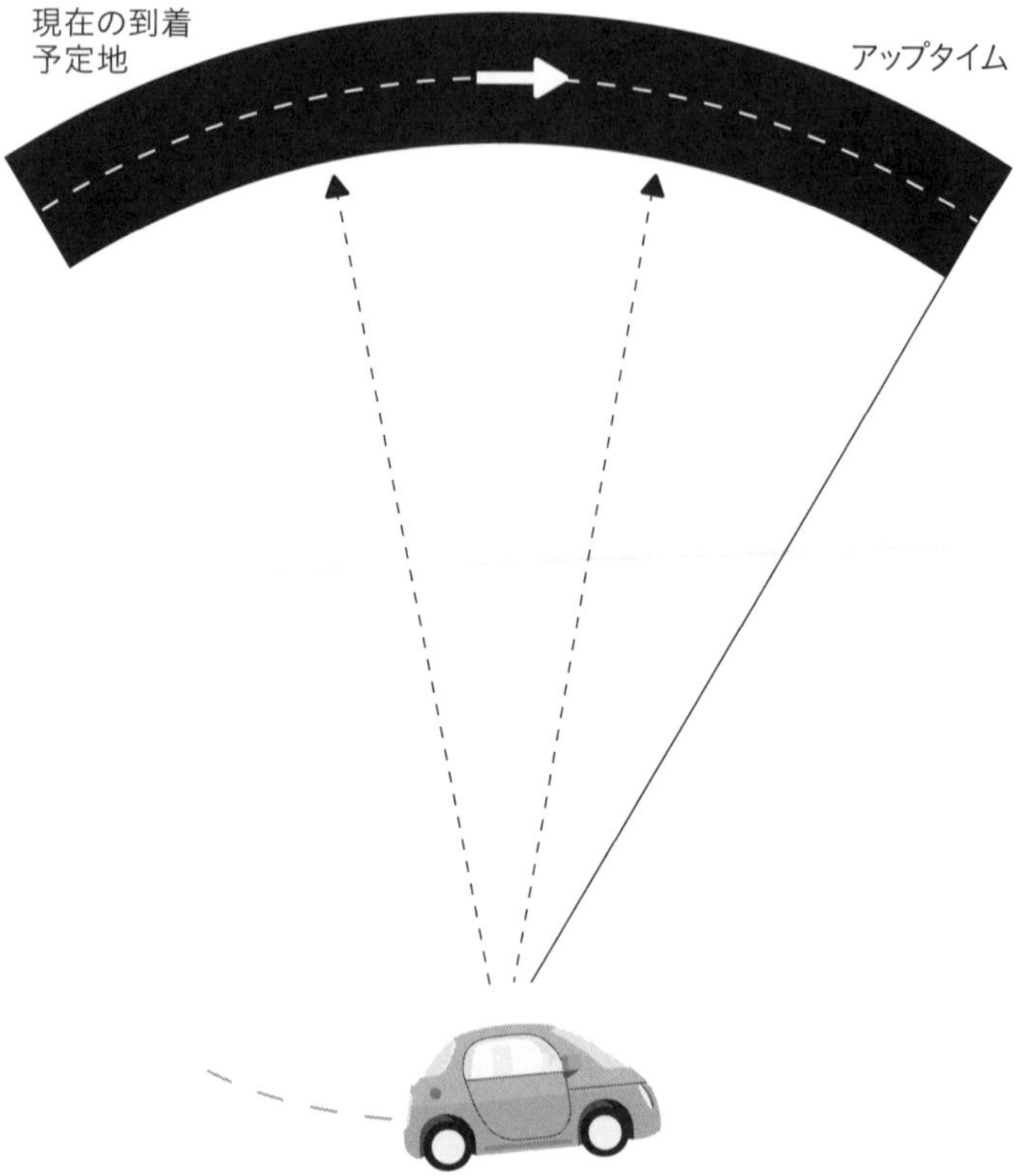

現在の到着
予定地
アップタイム

エネルギーのリズムを知ることで、最も効果的に働ける時間と場所を見つけることができる。毎日10分の瞑想をおこなうことは小さな変化に見えるかもしれないが、それは速度を安定させ、全体的な方向性を完全にコントロールするための力を与えてくれる。

何から始めるかは、あなたの心のなかに

あなたはいま、本書を読んでやる気に燃え、でもどこから始めたらいいのかわからないと思っているかもしれない。もしかしたら、1日で一気に読み終わり、明日から何をすればいいのかと知りたがっているかもしれない。あるいは、これらの実践を仕事に徐々に取り入れる方法を考えているところかもしれない。私のおこなう研修ではいつも最後に、参加者のみなさんに強く印象に残ったことを3つ書き出してもらっている。この本でも同じようにしたいと思う。もしいま、友人が通りであなたの足を止めて、この本で得たことを3つ挙げてほしいと言ったら、どう答えるだろうか?

その答えがスタート地点としてベストだ。すぐに思い出せるということは、あなたの脳が共感し、すでに記憶しているからだ! 各章の末尾にまとめてきた「実践：生産性を上げるメソッド」と、本文のところどころに挟んだアップタイム戦略のかなりの部分は、脳の強みを活用し、同時にその弱いところも知ったうえで、効率を最大化することに目的を置いている。

自分のToDoリストのつくり方そのものは気に入っているが、会議の多さに悩んでいるという人もいれば、デイリー・リスト形式は好きだが、ダウンタイムの確保にはたいして困っていないという人もいるだろう。瞑想や心地よい朝の過ごし方に興味をもった人もいるかもしれない。あなたの脳はすでにこの本の必要な部分に注目している。それを信頼して、そこから始めよう。いちばん気になった章へ戻り、末尾の「実践：生産性を上げるメソッド」から始めるのもいいだろう。

このメソッドは、（特定の手順に従う）レシピ本のように使ってもいいし、（気に入ったセクションを組み合わせて使う）寿司《すし》店での品書きのように使ってもいい。だがまずは、自分がいちばんワクワクしたところから始めるといい。どの程度を取り入れるにしても、仕事とプライベートの両方にメリットがある。

真の生産性を測る質問

私はよく、「生産性ってどうやって測るんですか？」「自分が生産的かどうかを見きわめるにはどうしたらいい？」と訊かれる。ビジネスの場では、かけた電話の数、収益目標の達成度、従業員の定着率、書いたコードの量といった成果物を見ることが多い。だが個人の生産性に関して言えば、最もよい指標は自分の感覚にある。定期的に自分に問いかけてみよう。

・リフレッシュできているか？
・仕事をうまく処理できているか？
・自分がクリエイティブだと感じられるか？
・いまこの瞬間に意識を向けているか？
・バランスがとれているか？
・エネルギーに満ちているか？

これらに「イエス」と答えられるのなら、あなたはアップタイムを手に入れている。

あなたがいまいる状況がどうであろうと、アップタイムに向かう方法はつねにある。フルタイムの仕事に就き、4歳未満の子が3人いると、ストレスを感じたり、やるべきことの膨大さに圧倒されたり、物事が計画どおりに進まなかったりすることは多々ある（私がこの本の執筆を終えるはずだった時期に、息子が予定日より1カ月早く生まれてきたように！）。そうした、予期しないことが起こったときには、私はまず自分に寛容になり、それから本書にまとめた方法を使って軌道に戻る。この本にあるツールやテクニックが、物事を成し遂げて充実した生活を送る能力があるという自信をあなたに与えることを切に願う。

これまで研修や個別コーチングを受けた多くの人から、その後、よりハッピーになり、効率的に働けるようになり、よりすっきりとした気分で毎日を送れるようになった、とのメールが届く。私にとって何よりうれしいことだ。彼らの証言こそが、「アップタイム」戦略をマスターしたことを表している。それは、あなたの暮らし、才能、興味、意図、優先事項が、自身の幸福を見つけながら、無理なく実行されることを意味する。人生のあらゆる面で、バランスよく成果をあげられることを。

あなたはすでにツールを手にした。さあ、何をしましょうか？

謝辞

最初に、この本を書き上げる能力を与えてくださった神に感謝する。そして、自分の能力に気づくきっかけをくれたスンダー・ピチャイ、それを成長させてくれたグーグラーたち（私の「ウィークリー・ティップス」を定期購読している5万５０００人以上のみなさん、長年にわたって私を支え励ましてくれた多くのみなさん）にお礼を申し上げたい。この本も、私のプログラムも、あなたがたの存在なくしては成り立たなかった！

膨大な時間をかけてこの文章に目を通してくれたブルースとドムへ。おふたりの誠実さと、的確な意見と、フィードバックのおかげでこの本は形になった。ブルース、ありがとう——感嘆符や顔文字の私の使い方を適度なレベルに抑え☺、ドムと私が必要としていた外部の視点を与えてくれた。ドム、ありがとう——タイトルを考え、私の声が文章でどのように聞こえるかを助言し、文章に翼を与えるのを助けてくれた。さらに、私の人生に大きな影響を与えてくれた。私はあなたを執筆者として尊敬している。

マアヤン、ありがとう——私の頭のなかやテキストにあるものをすくい取って表現してくれた。あなたの表紙デザインと各章にきらめく創造性は、最終成果物としてのこの本の価値をすばらしく高めている。そしてこの8年間、私のプログラムにかかわってくれたことも本当にありがたかった。私のエージェントのジム・レヴィン、ありがとう——初めての著作に立ち向かう私をつねに導き、書くまえから私の指導を実践してくれていた（ジョナサンとアランにもありがとう――私へのサポートと、ジムに引き合わせてくれたことに！）。ホリスとカービー、ありがとう――はじめからずっとこの本を信じ、執筆過程全般をつうじて私を信頼してくれた。おかげで、私も自分を信じることができた！

シカゴ・バドミンズのみなさん（トレイシー、バーブ、カディ、ケイト）、ありがとう――私のニュースレターを最初に購読してくれた5人のなかの4人で、はじめから私を応援してくれた。カイサ・ホールデン、ありがとう。受信トレイ管理についてのg2gコースをつくるようにと私を説得してくれた。ロバート・キンセルとジム・レシンスキー、ありがとう――エグゼクティブ向けの私の仕事に価値があると最初に信じてくれた人たち。カレン・ソーダー、ありがとう――すばらしい母親であり、かつ女性エグゼクティブであることの意味を教えてくれた、人生最初の輝けるお手本だった。アリソン・ワゴンフィールド、ありがとう――私の本のスポンサーになり、プロセス全体を通して導いてくれた。ジェイムズ・フリードマン、マーク・エレンボーゲン、ケイティ・ワティ、エミリー・シンガー、ありがとう――原稿段階からこの本を読み、内側から無数のレビューとサポートを与えてくれた。ジェニー・ウッド、ありがとう――私と一緒に「著者」の世界に入ってくれた。あなたなしでは私にはできなかった！　ニールとゴピ、アドバイスをありがとう。チャドワーズ、ありがとう――頼りになり、話す時間をたくさんつくってくれ（きっとこれからも）、仕事の時間の「賢い」使い方を教えてくれた。カイル・モンセル（とジョシュ！）、ありがとう――長くそばにいるような友だちでいてくれて、本のすべてに対する愛を共有してくれる。ケイト・コルバート＝ハイル、ありがとう――尊敬してやまないメンターであり、友人であり、プロフェッショナルな女性。ジェス・コーエン、ありがとう――あなたのサポートと、なんでも話し合える相手でいてくれることに。そして、最初からずっとそばにいてくれたスキャにも感謝。マーク、フィリペ、ラナエシア、ありがとう――チームで働くすばらしさや協力のたいせつさを教えてくれた。〈ママ・ベア・ブック・クラブ〉と〈タイム・トラベラーズ・ワイブズ〉のみなさん（ミシェル、ベス、サラ、サマー）、ありがとう――毎月の進捗報告を聞いてくれて、タイトルを考えるのを手伝ってくれて、5年間一緒にミステリー小説を読んで、楽しくおしゃべりしてくれた。私の本が「グッドリーズ」のレビューに耐えうることを祈る！！！

トム・オリベリ、ありがとう――優れたマネジャーであり、さらに重要なのは、あなたが思いやりのある方だということ。私が成長するための自由と構造の両方を与えてくれ、そしてメールのサクセスストーリーの「最大の敗者《ビッゲスト・ルーザー》」となってくれた。アナス、ありがとう――自分の考えを主張し、自分の時間を尊重し、ビジネス環境のなかでも家族を優先することのたいせつさを教えてくれ、私が自分の可能性に気づくまえにそれを見つけてくれ、長年にわたり数え切れないほど多くの方法でサポートしてくれた。あなたは私が出会ったなかで最も影響力のあるメンターだ。デイブ・モーラインとリンジー・シュルツ、ありがとう――誰もが願う最高の

「最初の上司」であり、私が得意かつ情熱をもっていることに取り組むように促し、けっして妥協しないようにと励ましてくれた（ふたりがお手本だった！）。

マーゴ、ありがとう――バッグの中にキャンディーが入っていることが母になるための魔法のカギであると教えてくれた。また、計画や整理整頓が「家」を「家庭」にするわけではない（ただし、たしかに役には立つ）とも教えてくれた。ミセス・ハーブスター、ありがとう――他者のためにすばらしい体験をつくることは、蛍光色の紙に印刷してプラスチックフォルダーに入れるといった、細かい準備から始まると教えてくれた（そしてたくさんのサポートと愛も！）。ご存じのとおり、あなたは私の人生を変えた！　DECA、ありがとう――プロフェッショナリズムとエチケットを教えてくれた。そしてPOBは、口紅が最後の仕上げになることを（あなたを知って信頼するずっとまえに）教えてくれた。敬愛する著者であり講演者のエスター・ヒックスに永遠の感謝を――私の行動と執筆の多くにインスピレーションを与えてくれた。

ミシェル、ありがとう――文字どおり、誰もが助けを必要とするあらゆることが得意で、私を支えるためにそうしたスーパーパワーをおおいに発揮してくれた。最高の年上の友人であり、姉、ライター、料理上手、キャンプカウンセラー、同僚、ベビーシッター、フラワーアレンジメントの達人、パンづくりの達人、産後ドゥーラ、カラーアナライザーであり、数え上げればきりがない。そしてこの本の編集にも携わってくれた。ただの編集ではなく、価値を加えてくれた。私が言いたいこと、わかるでしょう？　ね？　私の文章について、ほかの人は思っていても言わなかった本当のことを教えてくれた。あなたは真の共著者であり、そう呼ぶにふさわしい。週刊「ウィークリー・ティップス」の発行チーム（ジェイク・ゴルダンとポール・テレシ）、ありがとう――小さくても力強いこのグループが、私のニュースレターを支えてくれた。

そして両親へ感謝を捧げる――やりたいことはなんでもできると信じるように私を育て、ずっと支えてくれた。ムーム、ありがとう――フォードをベビーカーに乗せて散歩に連れ出してくれたおかげで、私は執筆を終えることができた。ファジへ――私の子ども時代を「パラダイスのような日々」にしてくれたこと、そして、「この10年で読んだ最高の本」と言ってくれてありがとう（あなたが10年で読んだ唯一の本だけど……）。リーとD・サル、ありがとう――いつも私を信じてくれた（あのとき私が本当に咳止めドロップをもっていたと信じてくれたように）。パムとボブ、ありがとう――私の子どもたちをしっかりケアしてくれ、この本の最初の部分をあなたのダイニングテーブルで書かせてくれた。

マリー、ありがとう――子どもをもつまえとあととでは時間管理がまったく異なると教えてくれた。あなたは最高の方法で私たちの世界を揺さぶり、いまも毎日、明るく照らしている。シャビエル、ありがとう――ピュアな喜びがどのようなものかを教えてくれた。あなたを寝かしつけるときに歌うのをやめてとリクエストされ、これは沈黙のすばらしさを私に思い出させてくれた。フォード、ありがとう――最高のプランナーでも子どもがいつ生まれるかは計画できないということを教えてくれた。あなたは私と一緒にこの本をつくり上げた。あなたたち3

人のママでいることは、これまでもこれからも人生最高の仕事だ。

そして夫のジェイク、私のいちばんのファンでいてくれてありがとう。私の生産性と幸福の両方の柱はあなたよ。私の知るなかで最も賢い人でもある。陣痛が始まったとき、本がまだ完成していなくてパニックになった私を落ち着かせてくれた。そして、私が本を書き上げるために必要なことをなんでも引き受けてくれた。初めての読者であり、最良の友人。本を出版できたことは幸運だと思うけれど、あなたと一緒に美しい人生を築いてきたことに比べれば、その幸運は些細に思える。

"Employee Satisfaction with Meetings: A Contemporary Facet of Job Satisfaction," *Human Resource Management*, March 2010, 149–72.

21. Cameron Herold, *Meetings Suck: Turning One of the Most Loathed Elements of Business into One of the Most Valuable* (Austin, TX: Lioncrest, 2016), chap. 5.

22. Marcia W. Blenko, Michael C. Mankins, and Paul Rogers, *Decide & Deliver: 5 Steps to Breakthrough Performance in Your Organization* (Boston: Harvard Business Review Press, 2010), chap. 4.

23. Andrew Cohen, "How Keyboard Shortcuts Could Revive America's Economy," Brainscape, n.d., https://www.brainscape.com/academy/keyboard-shortcuts-revive-economy/.

24. Gloria Mark, Daniela Gudith, and Ulrich Klocke, "The Cost of Interrupted Work: More Speed and Stress," *CHI '08: Proceedings of the SIGCHI Conference on Human Factors in Computing Systems*, April 2008, 107–10.

25. Shawn Achor, *The Happiness Advantage: The Seven Principles of Positive Psychology That Fuel Success and Performance at Work* (New York: Crown Business, 2010), Part Two, Principle #6.〔ショーン・エイカー『幸福優位7つの法則 仕事も人生も充実させるハーバード式最新成功理論』徳間書店、2011年〕

26. "Email Marketing: Open Rate Increased by Over a Quarter Compared to March," Netimperative, May 13, 2020, https://www.netimperative.com/2020/05/13/email-marketing-open-rate-increased-by-over-a-quarter-compared-to-march/.

27. Gloria Mark, Shamsi T. Iqbal, Mary Czerwinski, Paul Johns, Akane Sano, and Yuliya Lutchyn, "Email Duration, Batching and Self-interruption: Patterns of Email Use on Productivity and Stress," *CHI '16: Proceedings of the 2016 CHI Conference on Human Factors in Computing Systems*, May 2016.

28. Steve Whittaker, Tara Matthews, Julian Cerruti, Hernan Badenes, and John Tang, "Am I Wasting My Time Organizing Email? A Study of Email Refinding," *CHI '11: Proceedings of the SIGCHI Conference on Human Factors in Computing Systems*, May 2011, 3449–58.

29. David T. Neal, Wendy Wood, and Jeffrey M. Quinn, "Habits—A Repeat Performance," *Current Directions in Psychological Science* 15, no. 4 (August 2006): 198–202.

30. Philippa Lally, Cornelia H. M. van Jaarsveld, Henry W. W. Potts, and Jane Wardle, "How Are Habits Formed: Modelling Habit Formation in the Real World," *European Journal of Social Psychology* 40, no. 6 (July 2009): 998–1009.

31. Daniel H. Pink, *When: The Scientific Secrets of Perfect Timing* (New York: Riverhead Books, 2018), Part 2, chap. 3.〔ダニエル・ピンク『When 完璧なタイミングを科学する』講談社、2018年〕

32. Kristen Fuller, MD, "JOMO: The Joy of Missing Out," *Happiness Is a State of Mind* (blog), *Psychology Today*, July 26, 2018, https://www.psychologytoday.com/us/blog/happiness-is-state-mind/201807/jomo-the-joy-missing-out.

33. Ana-Maria Temple, MD, *Healthy Kids In An Unhealthy World: Practical Parenting Tips for Picky Eating, Toxin Reduction, and Stronger Immune Systems Paperback* (Charlotte, Integrative Health Carolinas, 2021)

34. Matthew Thorpe and Rachael Ajmera, "How Meditation Benefits Your Mind and Body," *Healthline*, updated on August 15, 2024, https://www.healthline.com/nutrition/12-benefits-of-meditation.

35. Andy Chiles, "Reading Can Help Reduce Stress, According to University of Sussex Research," *The Argus*, March 30, 2009, https://www.theargus.co.uk/news/4245076.reading-can-help-reduce-stress-according-to-university-of-sussex-research/.

原注

1. Joseph S. Reiff, Hal E. Hershfield, and Jordi Quoidbach, "Identity Over Time: Perceived Similarity Between Selves Predicts Well-Being 10 Years Later," *Social Psychological and Personality Science* 11, no. 2 (2019): 160–67.
2. Arkady Konovalov and Ian Krajbich, "Neurocomputational Dynamics of Sequence Learning," *Neuron* 98, no. 6 (2018): 1282–93.
3. Mind Tools Content Team, "Eisenhower's Urgent/ Important Principle: Using Time Effectively, Not Just Efficiently," https://www.mindtools.com/al1e0k5/eisenhowers-urgentimportant-principle.
4. Dwight D. Eisenhower, Address at the Second Assembly of the World Council of Churches, Evanston, IL, American Presidency Project, https://www.presidency.ucsb.edu/node/232572.
5. Sarah Gardner and Dave Albee, "Study Focuses on Strategies for Achieving Goals, Resolutions," press releases 266, Dominican University of California, February 2015.
6. Brian Tracy, *Eat That Frog!* (Oakland: Berrett-Koehler, 2017), chap. 2.〔ブライアン・トレーシー『カエルを食べてしまえ！』三笠書房、2020年、新版〕
7. Tracy, *Eat That Frog!*, introduction.〔『カエルを食べてしまえ！』〕
8. David A. Kalmbach et al., "Genetic Basis of Chronotype in Humans: Insights from Three Landmark GWAS," *Sleep* 40 (2017).
9. Mareike B. Wieth and Rose T. Zacks, "Time of Day Effects on Problem Solving: When the Non-Optimal is Optimal," *Thinking and Reasoning* 17, no. 4 (2011): 387–401.
10. Web Desk, "Find Out the Daily Routines That Drive 40 Successful Business Leaders," Digital Information World, May 25, 2021, https://www.digitalinformationworld.com/2021/05/the-work-routines-of-musk-branson-dorsey-37-other-business-leaders.html.
11. Joshua S. Rubinstein, David E. Meyer, and Jeffrey E. Evans, "Executive Control of Cognitive Processes in Task Switching," *Journal of Experimental Psychology: Human Perception and Performance* 27, no. 4 (2001): 763–97.
12. Timothy A. Pychl, *Solving the Procrastination Puzzle* (New York: Tarcher/Penguin, 2014).
13. Chris Bailey, "Here's Why You Procrastinate, and 10 Tactics That Will Help You Stop," interview, ChrisBailey.com, March 27, 2014, https://chrisbailey.com/why-you-procrastinate-10-tactics-to-help-you-stop/.
14. Simone Davies and Junnifa Uzodike, *The Montessori Baby: A Parent's Guide to Nurturing Your Baby with Love, Respect, and Understanding* (New York: Workman, 2021), chap. 5.
15. Sandi Mann and Rebekah Cadman, "Does Being Bored Make Us More Creative?," *Creativity Research Journal* 26, no. 2 (2014): 165–73.
16. Shahram Heshmat, PhD, "5 Benefits of Boredom," *Science of Choice* (blog), *Psychology Today*, April 4, 2020, https://www.psychologytoday.com/us/blog/science-choice/202004/5-benefits-boredom.
17. Jaap M. J. Murre, "The Godden and Baddeley (1975) Experiment on Context-Dependent Memory on Land and Underwater: A Replication," *Royal Society Open Science* 8, no. 11 (2021).
18. Leslie A. Perlow, Constance Noonan Hadley, and Eunice Eun, "Stop the Meeting Madness," *Harvard Business Review*, July–August 2017, 62–69.
19. Steven G. Rogelberg, Cliff Scott, and John Kello, "The Science and Fiction of Meetings," *MIT Sloan Management Review*, January 2007, 18–21.
20. Steven G. Rogelberg, Joseph A. Allen, Linda Shanock, Cliff Scott, and Marissa Shuffler,

[著者]

ローラ・メイ・マーティン　Laura Mae Martin

グーグル社のエグゼクティブ・プロダクティビティ・アドバイザー。時間とエネルギーのマネジメント方法を上級管理職にコーチングしている。５万人を超える社員が読む、生産性に関するニュースレターを毎週発行。13年にわたって社に籍を置き、営業、プロダクト・オペレーション、イベント・プランニングに携わったのち現職に。ノースカロライナ大学チャペルヒル校で経営管理学を専攻し理学士号を取得。夫と３人の子どもとともにノースカロライナ州シャーロットに住む。

www.lauramaemartin.com

[訳者]

依田光江　Mitsue Yoda

お茶の水女子大学卒。外資系IT企業勤務を経て翻訳の道へ。主な訳書に、クリステンセン『ジョブ理論　イノベーションを予測可能にする消費のメカニズム』『イノベーションの経済学「繁栄のパラドクス」に学ぶ巨大市場の創り方』、バーガー『「ことば」の戦略　たった１語がすべてを変える。』（以上、ハーパーコリンズ・ジャパン）、グリーン『一流投資家が人生で一番大切にしていること』、ロス『99パーセントのための社会契約：会社、国家、市民の未来』（以上、早川書房）など。

Google流《りゅう》 生産性《せいさんせい》がみるみる上《あ》がる
「働《はたら》く時間《じかん》」の使《つか》い方《かた》

2024年11月22日発行　第1刷

著　　者　ローラ・メイ・マーティン
訳　　者　依田光江
発 行 人　鈴木幸辰
発 行 所　株式会社ハーパーコリンズ・ジャパン
東京都千代田区大手町1-5-1
電　　話　04-2951-2000（注文）
0570-008091（読者サービス係）
ブックデザイン　山之口正和＋永井里実＋齋藤友貴（OKIKATA）
印刷・製本　中央精版印刷株式会社

Printed in Japan
ISBN978-4-596-72072-6